LO 041713

MW01706717

À LA DÉCOUVERTE DU CANADA

Les loyalistes

ROBERT LIVESEY ET A.G. SMITH

PLAINES

Les Éditions des Plaines remercient le Conseil des Arts du Canada et le Conseil des Arts du Manitoba du soutien accordé dans le cadre des subventions globales aux éditeurs et reconnaissent l'aide financière du ministère du Patrimoine canadien (PADIÉ) et du ministère de la Culture, Patrimoine et Tourisme du Manitoba, pour leurs activités d'édition.

Nous remercions le gouvernement du Canada de son soutien financier pour nos activités de traduction dans le cadre du Programme national de traduction pour l'édition du livre.

Conseil des Arts du Canada — Canada Council for the Arts
Conseil des arts du Manitoba — Manitoba Arts Council
Manitoba

Catalogage avant publication de Bibliothèque et Archives Canada

Livesey, Robert, 1940-
Les loyalistes / Robert Livesey ; illustrateur, A.G. Smith.

(À la découverte du Canada)
Comprend un index.
Traduction de: The loyal refugees.
Jeunes.
ISBN 978-2-89611-071-1

1. United Empire Loyalists--Ouvrages pour la jeunesse.
2. Loyalistes américains--Canada--Ouvrages pour la jeunesse.
3. États-Unis--Histoire--1775-1783 (Révolution)--Ouvrages pour la jeunesse. I. Smith, A. G. (Albert Gray), 1945- II. Titre. III. Collection.

FC426.L5814 2010 j971.02'4 C2010-905245-5

Dépôt légal 2010 :
Bibliothèque nationale du Canada
Bibliothèque provinciale du Manitoba et Bibliothèque nationale du Québec.

Éditions des Plaines
C.P. 123 Saint-Boniface (Manitoba) Canada R2H 3B4
Tél. : 204 235 0078 • admin@plaines.mb.ca • www.plaines.ca

Mise en page : Relish Design Studio
Traduction : Marie-Hélène Duval
Édition : Huguette Le Gall • Publication : Joanne Therrien.
Révision : Jean-Marie Taillefer, Pierrette Blais, Brigitte Girardin

Imprimé au Canada par Friesens Corporation sur du papier 100 % recyclé et certifié FSC pour les pages intérieures.

FSC Sources Mixtes
Cert no. SW-COC-001271
© 1996 FSC

Bénéfices pour l'environnement

Les Éditions Des Plaines a économisé les ressources suivantes en imprimant les pages de ce livre sur du papier sans chlore fabriqué avec 100 % de déchets postconsommation (DPC).

Arbres	Eau	Déchets solides	Gaz à effet de serre
8 matures	**3483** gallons	**211** livres	**723** livres

Calculs effectués à partir des recherches de Environmental Defense et de Paper Task Force. Fabriqué par Friesens Corporation.

À mes cousins Luke et Christine, avec toute mon affection

Je veux remercier tout particulièrement M. David Moore, U.E.; M. Fred Hayward, U.E.; Mme Josie Hazen; les bibliothécaires de la bibliothèque municipale d'Oakville, la bibliothèque du collège Sheridan, la bibliothèque de l'université de Windsor : M. Horst Dresler, Mme Sheila Dalton et Mme Kelly Jones.

Dans la même collection

Les Vikings
La traite des fourrures
La Nouvelle-France
La Grande Guerre
Les Premières nations
Les défenseurs
Le chemin de fer
Les rebelles
L'héritage noir

Table des matières

Introduction

La révolution américaine de 1775 à 1783 créera un nouveau pays à partir des 13 colonies britanniques d'origine, les États-Unis d'Amérique, et créera aussi un deuxième pays, le Canada.

À l'époque de la révolution, les colons américains se répartissent à peu près également en trois catégories : ceux qui sont loyaux au roi britannique, ceux qui appuient la révolution armée et ceux qui choisissent de rester neutres.

La révolution américaine est en fait la Première guerre civile américaine. C'est surtout une guerre de clans où s'affrontent voisins contre voisins et frères contre frères, et même des pères contre leurs fils. À la fin du conflit, plus de 70 000 anciens habitants des 13 colonies ont quitté ou perdu leur foyer. La plupart sont remontés au nord, vers le Canada, créant de nouvelles villes et agglomérations dans ce qui deviendra les colonies du Nouveau-Brunswick, de la Nouvelle-Écosse, de l'Île-du-Prince-Édouard, de Terre-Neuve, du Bas-Canada (Québec) et du Haut-Canada (Ontario).

Pour les réfugiés en fuite, le nouveau Congrès continental rebelle, non élu, représente une menace à leur liberté. La rupture des rebelles avec la Grande-Bretagne passe par une révolution violente et un bain de sang. Le conflit ouvert, les émeutes et les illégalités dégoûtent les loyalistes. Eux aussi réclament la démocratie et l'indépendance, mais par une évolution pacifique et tout en restant fidèles à la Grande-Bretagne. Les loyalistes transformeront la nature sauvage du Canada et façonneront la future personnalité du peuple canadien, mettant toute leur confiance dans la loi, l'ordre et la loyauté.

Événements qui mèneront à la révolution américaine

Ironiquement, lorsque les habitants des 13 colonies se révoltent et déclarent leur indépendance en 1776, ils jouissent déjà de plus de droits, et de plus de liberté et de démocratie que les autres peuples du monde, y compris les citoyens de la Grande-Bretagne.

On s'était mis d'accord pour que la Grande-Bretagne mette sa grande armée et sa marine au service des colonies pour les protéger des pirates et de leurs ennemis hostiles, et qu'en retour, les colonies lui fournissent les matières brutes pour ses usines de fabrication.

La Grande-Bretagne laisse les colonies se développer sans trop exercer son autorité. Elle nomme des gouverneurs, souvent d'éminents colonialistes qui travaillent en collaboration avec des assemblées locales formées de représentants élus par le peuple. Mais un océan sépare les deux groupes de même qu'un esprit d'indépendance créé par la vie frontalière sur un nouveau continent. Une certaine hostilité s'installe entre la mère patrie et ses colonies.

Comme cela se passe souvent entre adolescents et leurs parents, les colonies s'objectent à toute tentative britannique de les dominer. Le gouvernement britannique, de son côté, se dit qu'il doit mettre un frein au manque de respect croissant envers ses règles et règlements. C'est une série d'événements qui mènera au conflit ouvert.

La *guerre de Sept Ans* (1756 à 1763)

Durant la guerre de Sept Ans entre la Grande-Bretagne et la France, les colonies américaines combattent bravement et avec loyauté aux côtés des Britanniques contre les Français. Toutes les colonies sont loyales au roi. À la bataille des Plaines d'Abraham* en 1759, lorsque le général anglais Wolfe réussit à s'emparer de la ville de Québec défendue par le général Montcalm, après avoir escaladé la falaise, les Britanniques se rendent maîtres de toute l'Amérique du Nord. En plus de gouverner les 13 colonies

* Pour en savoir plus, reportez-vous au troisième livre de la série « À la découverte du Canada » intitulé *La Nouvelle-France.*

« américaines » et les colonies britanniques au nord comme Terre-Neuve, la Nouvelle-Écosse et l'île Saint-Jean (aujourd'hui l'Île-du-Prince-Édouard), la Grande-Bretagne gouverne le Canada où, à cette époque, on parle français et on pratique surtout la religion catholique romaine.

La *Proclamation royale* (1763)

Lorsque le roi George III garantit les droits territoriaux des Autochtones en 1763, de nombreux colonialistes sont furieux. Ils se voient ainsi interdire l'expansion du continent vers l'ouest. En vertu de la Proclamation, la chaîne des Appalaches constitue la frontière entre les colons américains et les tribus autochtones, à qui on réserve le territoire se trouvant à l'ouest de cette chaîne de montagnes.

La *Stamp Act* (1765)

La *Stamp Act* (loi sur le droit de timbre) figure parmi les nombreuses taxes commerciales impopulaires imposées par le gouvernement britannique aux citoyens de ses colonies.

En vertu de la *Stamp Act*, tous les contrats doivent être signés sur du papier timbré vendu par les fonctionnaires du gouvernement britannique. Les Britanniques prétendent qu'ils ont besoin de cet argent pour maintenir une armée permanente, nécessaire à la défense des colonies, et pour payer les dettes accumulées durant la guerre contre la France.

La plupart des colons reconnaissent la nécessité d'une armée, mais ils considèrent qu'ils devraient voter au sujet des taxes et non laisser la Grande-Bretagne leur imposer des taxes. Au cri de « Pas de taxation sans représentation! », les émeutiers forcent les portes des fonctionnaires où l'on vend les timbres fiscaux, détruisant leur propriété et les molestant. Des organisations illégales et radicales voient le jour, comme celle dont les membres se qualifient de « Fils de la liberté ». La loi est abrogée en raison des protestations. Certains colons demeurés loyaux désapprouvent cette taxe, mais craignent la violence.

Le massacre de Boston (1770)

D'autres taxes sur le thé, le verre et d'autres marchandises provoquent encore plus de ressentiments et d'émeutes. Lorsqu'une foule hostile de Bostonnais lance des pierres à un détachement britannique, les soldats tirent sur la foule et tuent quelques émeutiers. La propagande rebelle en parle comme du « massacre de Boston ».

Le navire britannique *Gaspee* (1772)

Quelques contrebandiers du Rhode Island dérangés dans leur commerce illégal par la goélette britannique *Gaspee* capturent et incendient le vaisseau. On fait fi de la loi et de l'ordre.

Le *Boston Tea party* (1773)

En décembre 1773, des protestataires mis en furie par la taxe sur le thé s'organisent et, se déguisant en Mohawks, attaquent les navires britanniques amarrés au port de Boston. Ils jettent 40 000 kg de thé à la mer.

Timbre fiscal d'un journal

Timbre fiscal d'un document

La marche sur Boston (1774)

Il n'existe pas de force policière en 1774. Dans un effort de restaurer la loi et l'ordre, la Grande-Bretagne nomme le gouverneur du Massachusetts, le général Thomas Gage, commandant des forces militaires en Amérique. Ce dernier fait voile vers la ville anarchique de Boston à la tête d'une grande armée. Le droit de l'assemblée du Massachusetts de choisir son conseil exécutif lui est retiré, les réunions sont désormais illégales en ville et le port de Boston est fermé, ce qui nuit à l'économie.

Les congrès provinciaux (1774)

La lutte pour le pouvoir politique prend de l'ampleur. Au début de 1774, on assiste à la formation de « comités de correspondance » dans chaque colonie. Ces comités publient des textes de propagande (tracts) et défient les assemblées coloniales élues sous l'autorité des gouverneurs royaux. Les radicaux créent des congrès provinciaux non élus, au grand désarroi des citoyens loyaux.

L'*Acte de Québec* (1774)

En 1774, les Britanniques adoptent l'*Acte de Québec*. Par cette loi, ils définissent la frontière de leurs colonies au Canada qui, de la côte du Labrador à l'est, longe la rivière Ohio au sud et s'étend jusqu'au Mississippi à l'ouest. Au nord se trouve la Terre de Rupert, le territoire du commerce des fourrures de la Compagnie de la Baie d'Hudson. Le Canada de 1774 comprend le Michigan, le Wisconsin, l'Illinois, l'Ohio et l'Indiana d'aujourd'hui.

L'*Acte de Québec* met en colère les citoyens des 13 colonies du sud, car il met un frein à leur l'expansion vers le nord et vers l'ouest. Il crée également un drôle d'État voisin peuplé de francophones et officiellement de religion catholique romaine (contrairement à la Grande-Bretagne et aux autres colonies d'Amérique du Nord). Au Canada, les prêtres ont conservé leur droit acquis de pouvoir prélever des droits et des taxes, comme la « dîme » auprès des « habitants » (fermiers locataires). L'*Acte* instaure le droit criminel anglais tout en conservant l'ancien droit civil français.

Contrairement aux citoyens de la Grande-Bretagne et des 13 colonies, les habitants du Canada n'ont pas d'assemblée élue, mais plutôt un gouverneur nommé qui forme son propre conseil. L'*Acte de Québec* fait l'affaire des « seigneurs » (propriétaires nobles) et du clergé catholique qui conservent ainsi leur mainmise sur la vie des habitants. Mais il provoque la colère des colons américains qui y voient un fâcheux précédent risquant de mettre en péril leur représentation élue.

La déclaration de guerre (1775)

En avril 1775, le général Gage envoie des centaines de soldats de Boston à Concord avec l'ordre de s'emparer d'une réserve illégale d'armes. Les premiers coups de feu se font entendre à Lexington et, en revenant de Concord, les forces britanniques se font attaquer par des tireurs isolés le long de la route. La Grande-Bretagne dépêche ses trois meilleurs généraux au secours du général Gage : le fringuant *Handsome Jack*

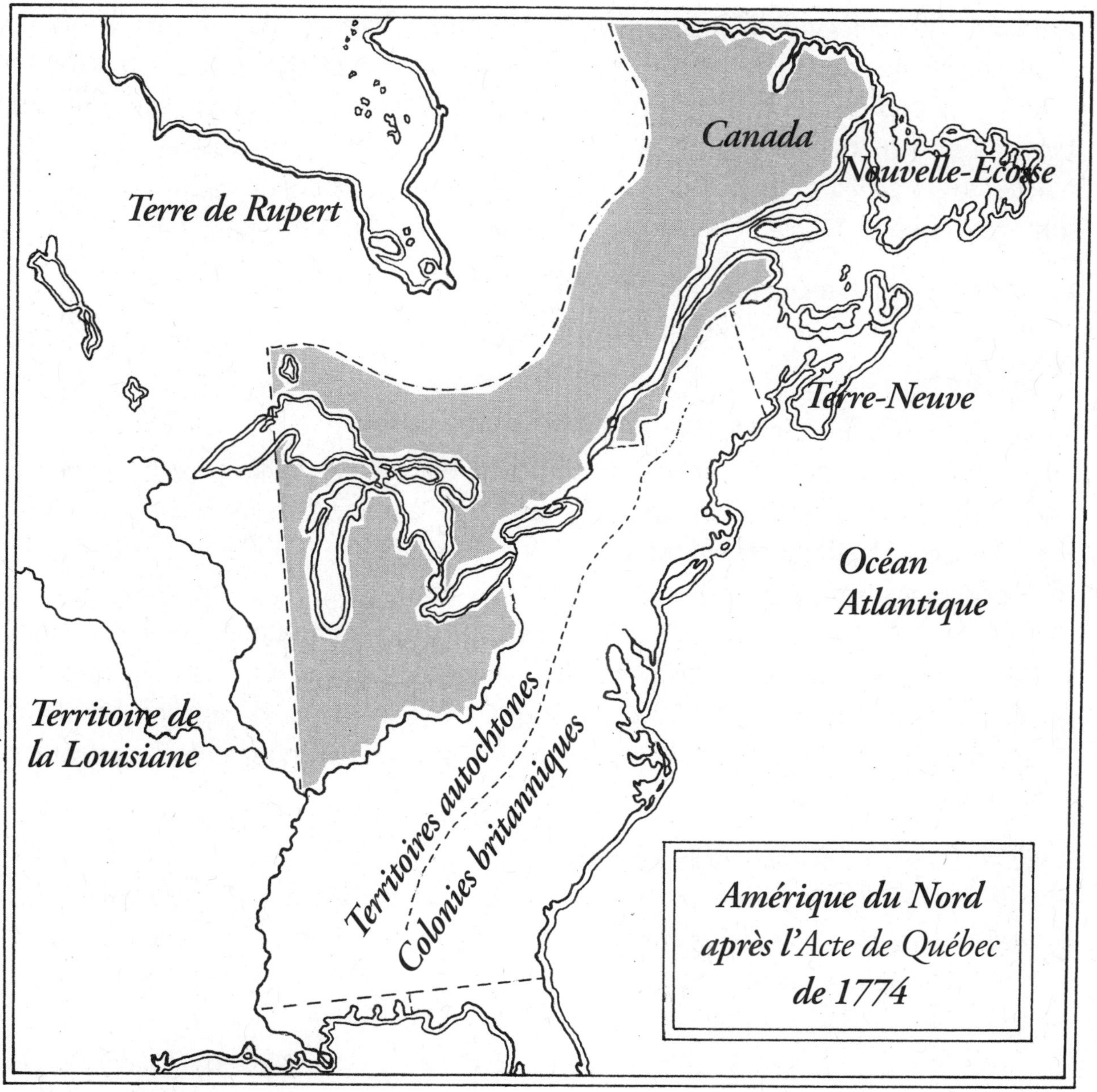
Terre de Rupert
Canada
Nouvelle-Écosse
Terre-Neuve
Océan
Atlantique
Territoire de
la Louisiane
Territoires autochtones
Colonies britanniques
Amérique du Nord
après l'Acte de Québec
de 1774

Burgoyne, le courageux William Howe et le timide, mais excellent Henry Clinton. Un combat sanglant s'engage sur les collines de Bunker et Breed où les rebelles se sont rassemblés et menacent la ville de Boston. Dirigée par l'audacieux William Howe, l'armée britannique l'emporte, mais perd 40 pour cent de ses soldats. Les rebelles sont ragaillardis par ce bain de sang de « tuniques rouges ». Les citoyens loyaux sont mécontents.

La création de l'armée coloniale (1775)

Le nouveau Congrès continental met sur pied une armée continentale dont George Washington se voit confier le commandement.

L'évacuation de Boston (1776)

Le général Gage a failli à la tâche d'intimider les émeutiers rebelles par une démonstration de force, et il est remplacé par William Howe à la tête des troupes britanniques. En mars 1776, Howe et 9 000 soldats britanniques aidés de 1 000 loyaux citoyens se rassemblent à Boston, s'embarquent et forment une grande flotte qui se dirige vers Halifax, en Nouvelle-Écosse, une colonie britannique plus au nord. Les 13 colonies sont laissées à elles-mêmes, sans présence britannique armée pour les défendre. Les armées rebelles s'empressent d'en tirer avantage et s'en prennent aux loyalistes qui craignent d'y laisser leur vie et de perdre leurs biens. Un grand nombre prennent les armes contre leurs voisins rebelles.

La déclaration américaine d'indépendance (1776)

Afin de légitimer la révolution, on demande à Thomas Jefferson de rédiger la *Déclaration d'indépendance* que le Congrès continental ratifiera le 4 juillet 1776. À l'été 1776, la révolution semble avoir eu gain de cause.

CHAPITRE 1 *Attaque du Canada*

Guy Carleton, John Burgoyne et les autres

Au moment où la guerre éclate, les rebelles américains expédient des armées révolutionnaires vers le nord. L'une d'elles attaque la Nouvelle-Écosse et un navire-corsaire américain accoste sur l'île Saint-Jean (Île-du-Prince-Édouard). Le lieutenant-gouverneur est fait prisonnier.

En 1775, George Washington envoie une armée de 2 000 hommes à l'assaut de Montréal et de Québec. Sir Guy Carleton, alors gouverneur du Canada, ne dispose que de 750 soldats pour défendre l'ensemble du pays, puisque la plupart des soldats britanniques sont en expédition à Boston pour la démonstration de force du général Gage.

Carleton a gagné la confiance des Seigneurs (propriétaires), du clergé (prêtres) et des bourgeois (commerçants) canadiens-français qui sont demeurés loyaux à la Couronne britannique. Ce n'est pas le cas des habitants (fermiers) toutefois. Certains d'entre eux se joignent à l'armée rebelle américaine, mais la plupart restent neutres et ignorent la demande des Britanniques de former des unités de milice, ainsi que l'invitation des Américains à la révolte. Au début de la guerre, environ 100 hommes seulement se portent volontaires pour défendre le Canada.

La milice du Vermont d'Ethan Allen, les *Green Mountain Boys*, s'empare du fort Ticonderoga et de Crown Point, mais l'attaque de Montréal échoue et Allen est fait prisonnier. Une armée américaine sous les ordres du général Montgomery est retardée par une solide défense terrestre assurée par les hommes du major Preston à Saint-Jean sur le Richelieu. Toutefois, les Américains parviennent à s'emparer du Fort Chambly et Saint-Jean se rend. Les rebelles s'emparent de Montréal.

Au milieu de la nuit, Carleton enfile un simple vêtement de toile pour se déguiser en habitant, se couche à plat ventre au fond d'une embarcation et réussit à s'enfuir à Québec en se faufilant à travers l'armée américaine qui encercle Montréal. Montgomery poursuit Carleton jusqu'à la forteresse de Québec, le dernier fort d'importance au Canada encore sous contrôle britannique. Une autre armée américaine commandée par Benedict Arnold traverse en 46 jours les étendues accidentées et sauvages qui la séparent de Québec.

Montgomery envoie une demande de reddition, mais Carleton la brûle sans même ouvrir l'enveloppe. Montgomery et Carleton ont tous les deux combattu aux côtés de Wolfe lorsque celui-ci a escaladé la falaise pour s'emparer de Québec en 1759.

Le 31 décembre 1775 (veille du jour de l'An), les Américains montent à l'assaut au beau milieu d'une tempête de neige aveuglante. Le général Montgomery, qui commande personnellement 350 hommes du sud-est, se heurte aux barricades d'un avant-poste au cap Diamant défendu par le capitaine Chabot, 30 miliciens canadiens et 15 marins britanniques. Malgré la confusion et la visibilité réduite, Chabot attend calmement que les soldats rebelles se fraient un passage à travers une barricade (à moins de 40 pas) avant d'ordonner à son artillerie lourde d'ouvrir le feu. Les attaquants surpris tombent sous le coup. Montgomery est tué et ses hommes, privés de chef, se dispersent dans la tempête.

Au même moment, Benedict Arnold attaque du côté nord-ouest. Après s'être emparé de la première barricade, il est blessé à la jambe. Ses troupes sont repoussées à la deuxième barricade. La plupart des hommes d'Arnold sont faits prisonniers.

Un général américain est tué, un autre blessé, 30 attaquants perdent la vie et 450 autres sont capturés. Du côté canadien, on dénombre 7 morts et 11 blessés. La tentative des rebelles de s'emparer de la ville de Québec a échoué.

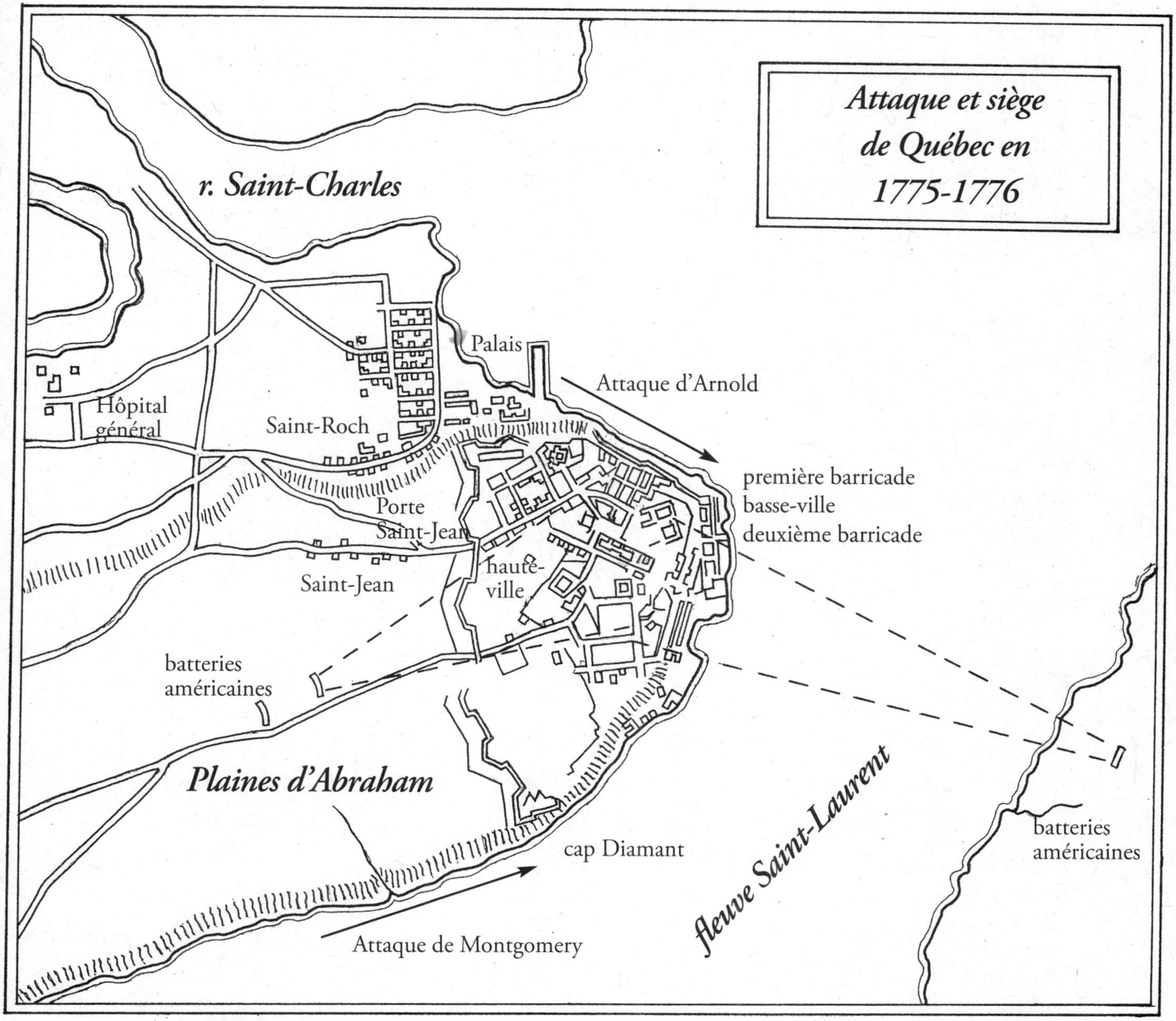
Attaque et siège de Québec en 1775-1776
r. Saint-Charles
Palais
Attaque d'Arnold
Hôpital général
Saint-Roch
première barricade
basse-ville
deuxième barricade
Porte Saint-Jean
haute-ville
Saint-Jean
batteries américaines
Plaines d'Abraham
fleuve Saint-Laurent
cap Diamant
batteries américaines
Attaque de Montgomery

Arnold poursuit le siège de Québec jusqu'à l'arrivée, au printemps, d'une flotte britannique menée par la frégate *Surprise* qui transporte plus de 9 000 soldats professionnels sous les ordres de *Handsome Jack* Burgoyne. Arnold bat rapidement en retraite vers New York, l'armée venue en renfort à ses trousses. La flotte d'Arnold sera complètement anéantie sur le lac Champlain à l'été 1776.

Les Américains espéraient que le nord appuierait leur révolution, mais le Canada, la Nouvelle-Écosse, l'Île-du-Prince-Édouard et Terre-Neuve restent loyaux à la Grande-Bretagne et chassent les rebelles américains.

Héros loyaliste ou traître rebelle?

George Washington avait confié le commandement de West Point, la puissante fortification patriote, à l'un des plus fiables et héroïques généraux de l'armée rebelle, Benedict Arnold. Mais, en 1780, Washington découvre avec stupéfaction que son ami a changé de camp et a rejoint les forces britanniques. Un complot visant à livrer West Point aux Britanniques a été déjoué, mais Arnold, dégoûté de l'abandon du congrès rebelle corrompu, s'est enfui. Il continuera de se battre aux côtés des loyalistes jusqu'à la fin de la guerre.

Jeune épouse

La jeune loyaliste Peggy Shippen n'a que 18 ans lorsqu'elle rencontre Benedict Arnold, 37 ans. Celui-ci arrive à Philadelphie en 1778 après le départ des forces britanniques. L'année suivante, Peggy épouse le célèbre rebelle américain. Elle sait que son mari songe à changer de camp et avoue à des amis qu'elle y contribue, puisqu'elle l'y encourage.

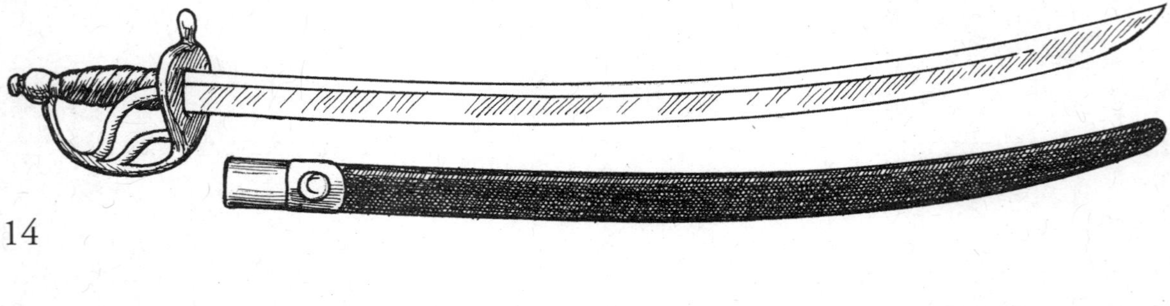

Sir Guy Carleton

Démission de Carleton

Après avoir réussi à sauver Québec et assisté à l'arrivée des renforts britanniques, Guy Carleton se brouille avec le secrétaire de la guerre en Angleterre. On le remplace alors à la tête de l'armée canadienne par *Handsome Jack* Burgoyne. Insulté, Guy Carleton demande qu'on le remplace comme gouverneur. Frederick Haldimand, un mercenaire suisse, est nommé gouverneur du Canada en 1777.

Les critiques de la presse

Voici ce qu'on a pu lire dans la Gazette de Québec en 1775 :

> « Si la population du pays... avait choisi de suivre l'exemple de ses Seigneurs et des Canadiens instruits des villes et des campagnes, les rebelles n'auraient jamais osé troubler la paix de cette province par une invasion. »

Les loyalistes des Highlands, les Hautes-Terres

De nombreux loyalistes écossais des Hautes-Terres s'étaient installés dans les colonies. Sous les ordres du général Gage de Boston, Allen Maclean avait formé un régiment de 1 000 immigrants écossais des Hautes-Terres. Maclean avait été envoyé à la défense de Montréal et de Québec où il était devenu le second de Guy Carleton. La défaite des armées américaines venues attaquer Québec est largement attribuable aux Écossais des Hautes-Terres. Les défenseurs de Québec comptaient 290 immigrants des Hautes-Terres, 480 miliciens canadiens-français, 300 soldats anglais, 24 marins et 30 charpentiers terre-neuviens qui ont construit les barricades.

The Golden Dog

La taverne appelée *The Golden Dog* a servi de quartier général à Allen Maclean durant le siège de Québec. Maclean a obtenu l'appui de la population locale et a même fait du fils du propriétaire de la taverne, Samuel Prentiers, un officier de son régiment d'immigrants des Hautes-Terres.

Les condamnés par l'Église

Les prêtres catholiques romains du Canada, dirigés par monseigneur Briand, soutenaient la défense britannique et s'opposaient aux habitants qui se joignaient aux envahisseurs américains ou leur venaient en aide. Une proclamation de l'Église se lisait comme suit :

> « Tous ceux qui prennent les armes contre le roi se privent des voies du salut, et ne méritent pas de recevoir les sacrements et d'avoir une sépulture chrétienne s'ils viennent à mourir au combat. »

À FAIRE

Fabrication d'un canon

Les directives se trouvent à la page 21.

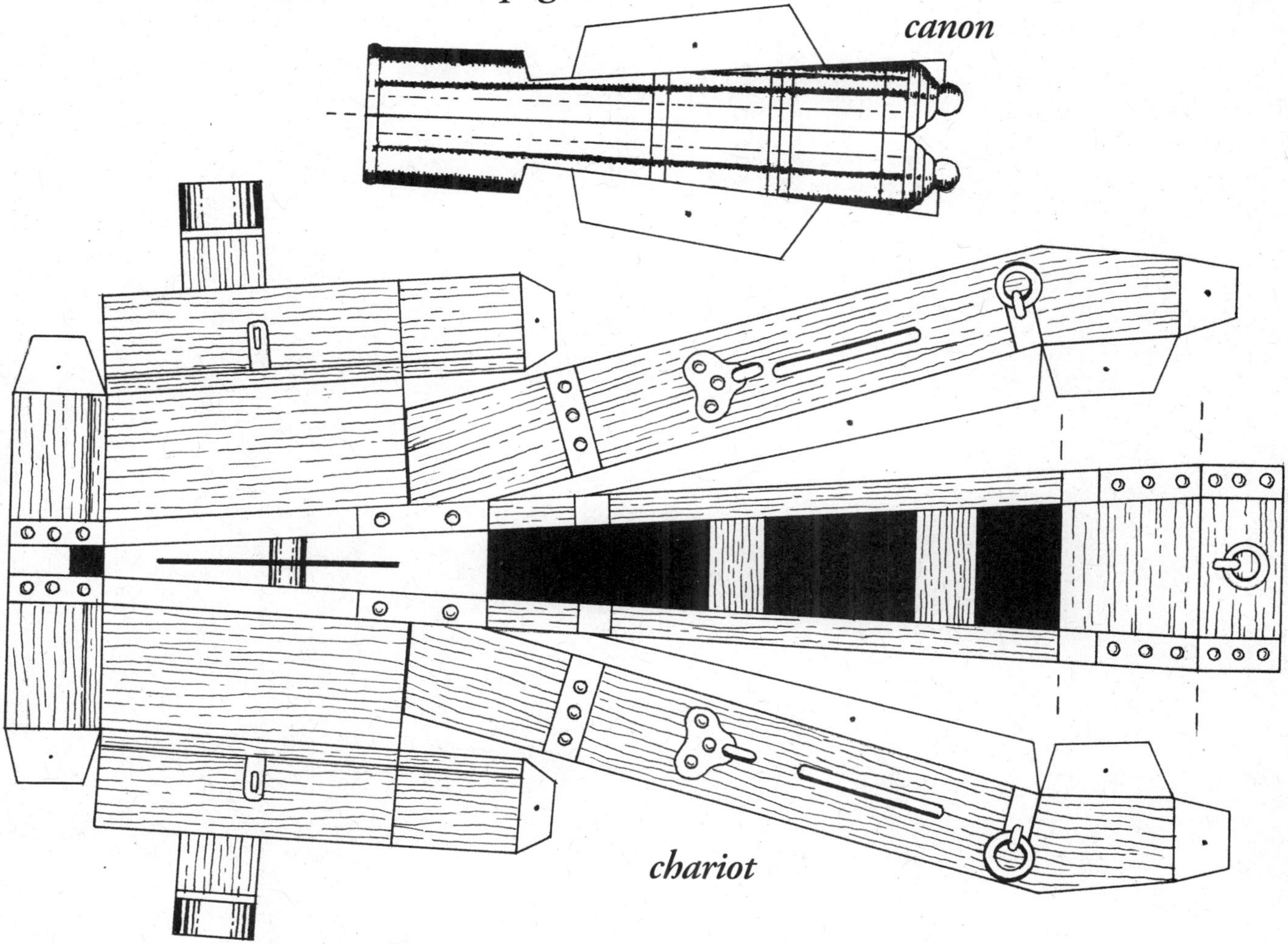

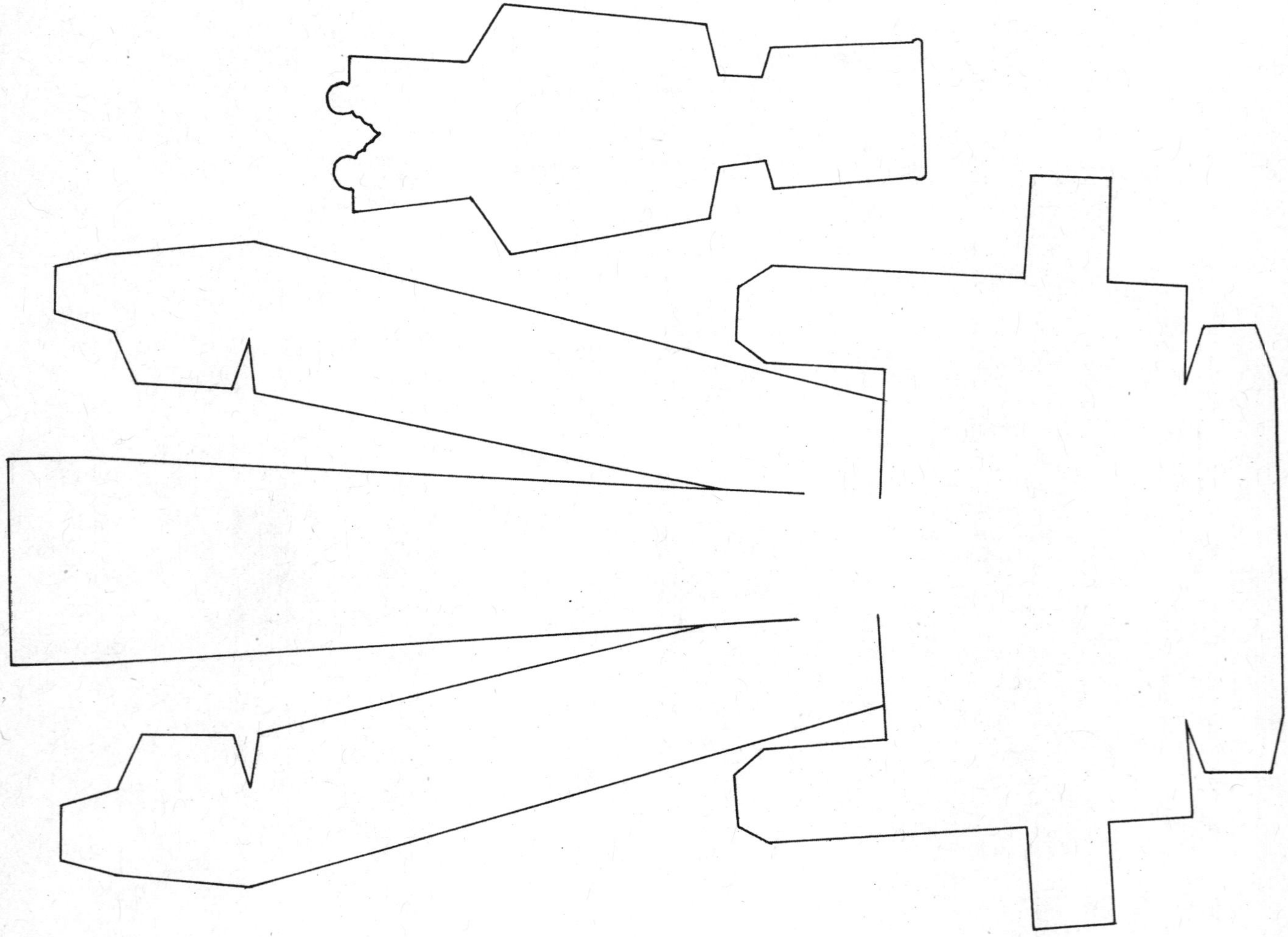

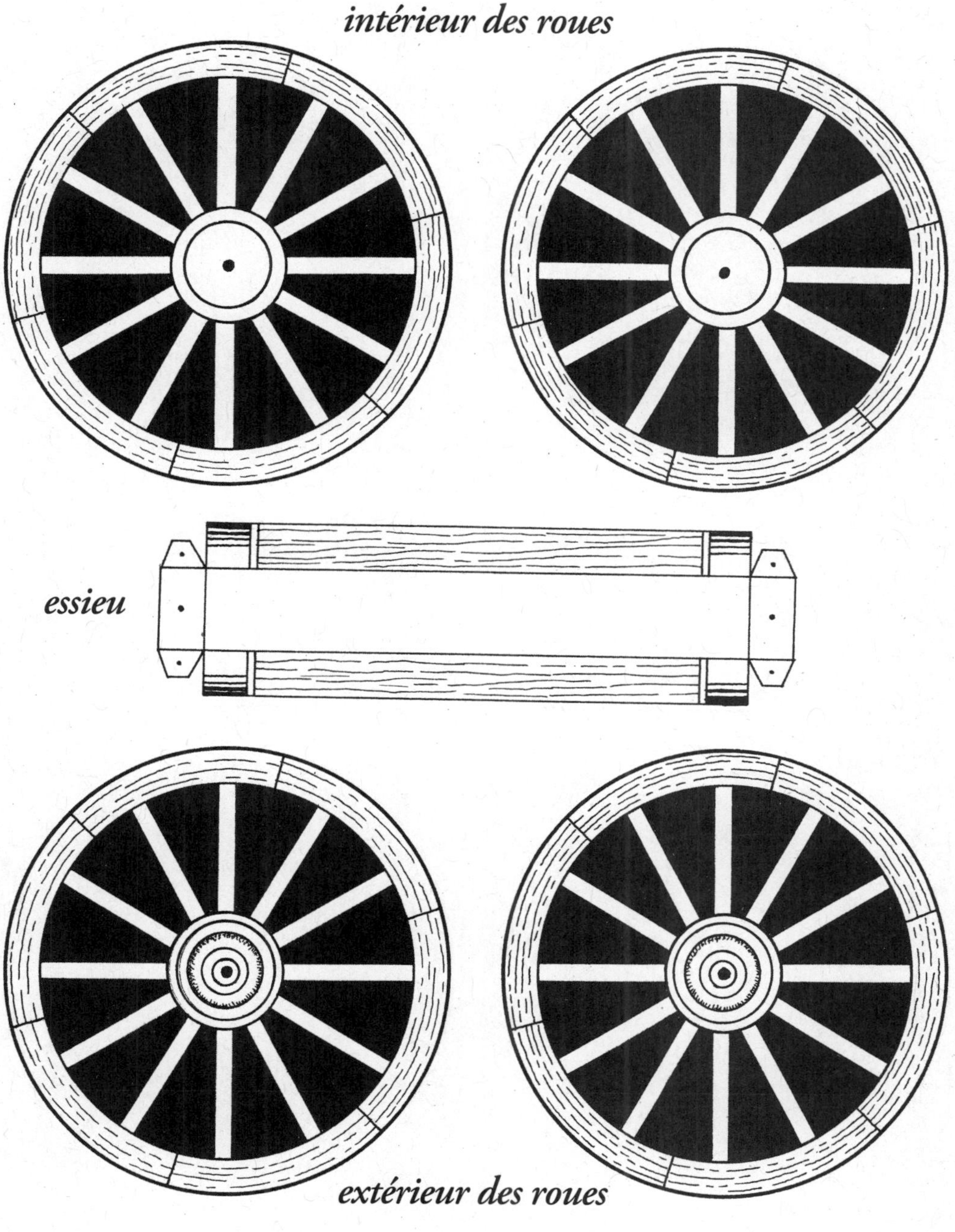
intérieur des roues
essieu
extérieur des roues

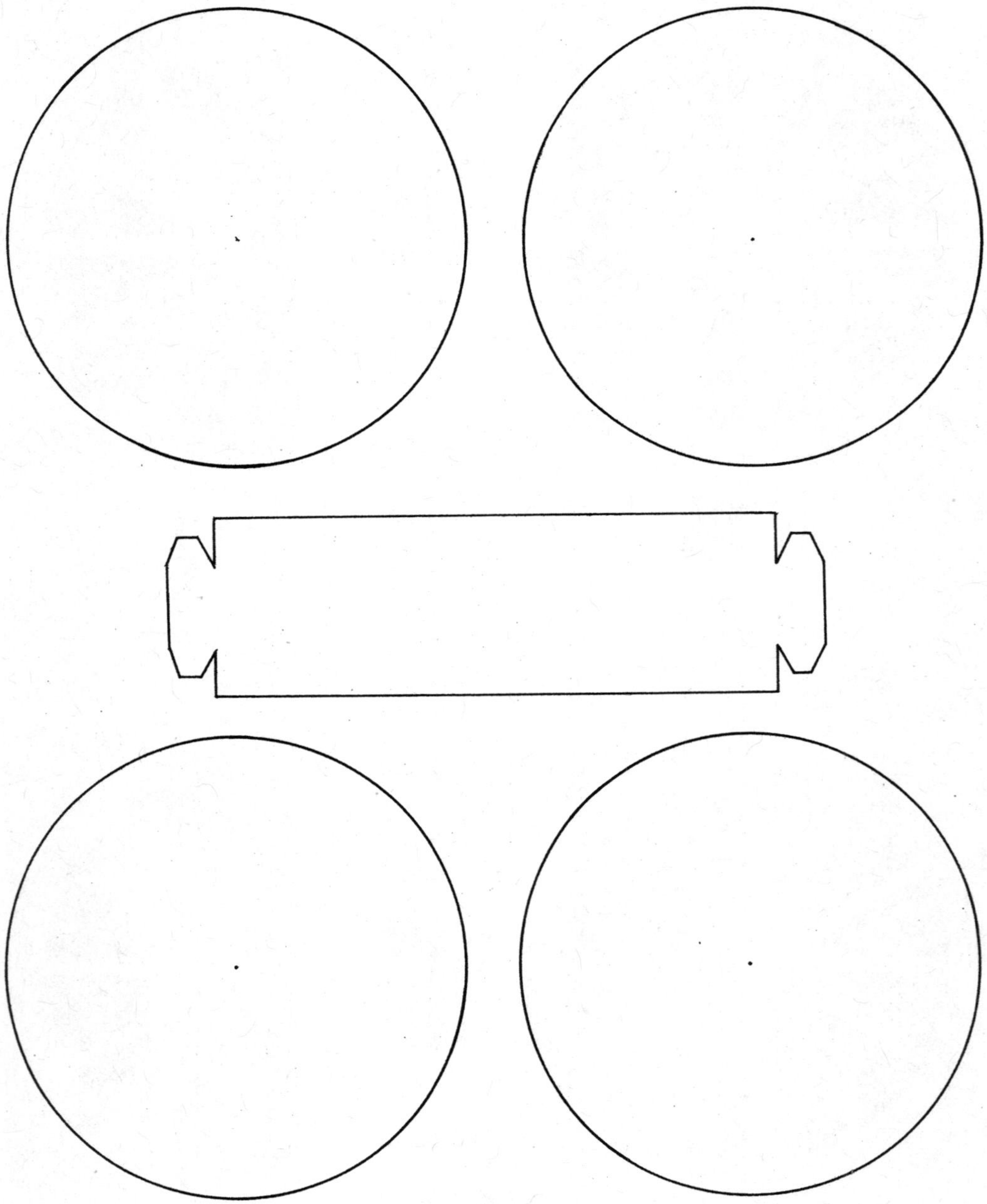

Fabrication d'un canon

Les armées tant britanniques que rebelles ont utilisé des canons comme celui-ci durant la guerre d'indépendance américaine. Suis attentivement ces directives pour fabriquer ton modèle.

Ce qu'il te faut :

- ciseaux
- colle blanche
- crayons de cire ou de couleur
- outil à rainurer (comme la pointe d'un compas)

Ce qu'il faut faire :

1. Photocopie les pages 17 et 19. Colore les pièces avant de les découper.

   Ne colore pas les rabats.

   Suggestions de couleurs :
   canon : jaune (cuivre)
   chariot et roues : brun
   parties en métal : noir
2. Découpe les roues. Colle les moitiés ensemble. N'applique de la colle que sur une moitié.
3. Découpe l'essieu. Fais des rainures le long des rabats et replie-les.

   ATTENTION : n'applique une légère couche de la colle que sur les rabats.
4. Découpe et assemble le chariot. N'oublie pas de pratiquer une fente sur le dessus du chariot pour glisser le canon.
5. Assemble le canon.
6. Fixe le canon au chariot.
7. Fixe l'essieu au chariot.
8. Fixe les roues à l'essieu.

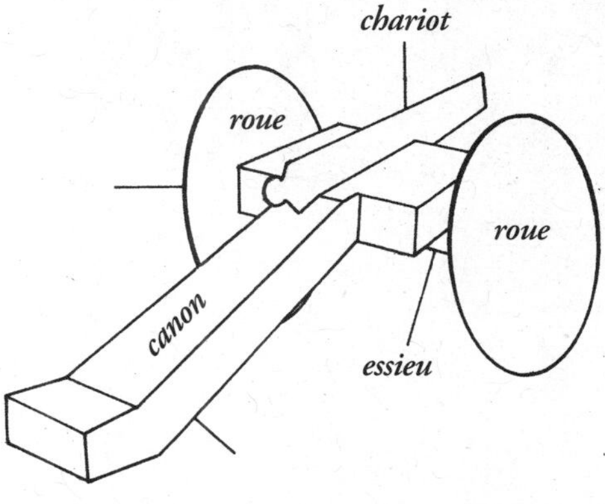

CHAPITRE 2

Rebelles et loyalistes

William Howe, Henry Clinton et les autres

À la réunion du premier Congrès continental révolutionnaire en 1775, les 13 colonies sont représentées (sauf la Géorgie), mais ces représentants ne jouissent pas nécessairement d'un appui majoritaire dans leur colonie. Après la création d'une armée continentale commandée par Washington et la rédaction de la *Déclaration d'indépendance* par Jefferson, une rivalité farouche commence à opposer les rebelles aux loyalistes dans chacune des colonies.

Dans certaines colonies, les rebelles, qui se font appeler « patriotes », sont nettement plus nombreux que les loyalistes; mais dans d'autres, les loyalistes, appelés *tories* par leurs opposants, surpassent en nombre les rebelles. Les loyalistes pensent que leurs voisins et amis qui appuient la rébellion sont des traîtres irrationnels et indisciplinés. Ils sont d'avis que leur gouvernement démocratique sous l'autorité du roi vaut mieux que les règles d'émeutiers dirigés par un congrès non élu. Les rebelles sont convaincus que la Grande-Bretagne ne défend pas leurs intérêts et qu'elle n'a pas le droit d'imposer des taxes ou de s'opposer aux politiques coloniales instaurées par le nouveau Congrès continental. La Première guerre civile américaine finit par déclencher des affrontements sanglants et cruels entre voisins et parents qui se dressent les uns contre les autres.

Le retour à New York

En juillet 1776, le général William Howe retourne aux 13 colonies avec une armée de 26 000 soldats d'expérience. Il débarque à New York avec une flotte navale commandée par son frère, Richard Howe.

Mal dirigée et mal équipée, l'armée continentale de George Washington, qui compte 16 000 rebelles inexpérimentés, n'est pas de taille à lutter contre la force militaire de Howe qui s'empare facilement de la ville de New York. Le général Howe achève la conquête de New York en s'emparant du bastion des rebelles, le fort Washington, et en chassant les soldats du général Washington loin dans le New Jersey. Les citoyens demeurés loyaux se réjouissent et acclament le retour des autorités britanniques et forment des unités de milice pour aider l'armée régulière britannique. Howe songe à une grande bataille contre l'armée ennemie en vue de l'anéantir, mais les rebelles battent en retraite et optent pour une guerre d'escarmouches en faisant des incursions dans les avant-postes britanniques, comme lors de l'attaque de Trenton en 1776, la veille de Noël. George Washington échappe à l'armée de William Howe en passant l'hiver à Valley Forge.

La prise de Philadelphie

En 1777, Howe maintient sa stratégie : engager le combat avec les forces de Washington et les vaincre. À l'automne, il fait voile avec une armée jusqu'à Philadelphie, en Pennsylvanie, ville où se trouvent le quartier général des rebelles et le Congrès continental. Après la bataille de Brandywine, il réussit à reprendre la ville qui était aux mains des rebelles.

Saratoga

En 1777, à la tête d'une armée de 7 000 hommes, *Handsome Jack* Burgoyne quitte Montréal dans l'intention d'envahir les 13 colonies en passant par la rivière Richelieu et le lac Champlain. Il l'emporte contre les rebelles américains en reprenant le fort Ticonderoga, puis se dirige vers New York.

À Saratoga, Burgoyne encerclé par une armée rebelle commandée par le général Gates, est forcé de signer une « convention » ou entente en vertu de laquelle il accepte de retourner en Grande-Bretagne avec son armée. Burgoyne rend les armes, mais le

Général John Burgoyne

Congrès continental rompt l'entente et emprisonne les soldats britanniques jusqu'à la fin de la guerre. Cet événement marque l'apparition historique des camps de prisonniers de guerre, car jusque-là, on ne gardait les prisonniers que comme monnaie d'échange pour obtenir la libération d'hommes capturés par l'ennemi.

La déclaration de guerre par la France

La victoire des rebelles à Saratoga marque un tournant radical dans le conflit. La France, l'Espagne et la Hollande se décident alors à prendre part à la guerre contre la Grande-Bretagne (leur rivale de toujours). Leurs flottes réunies surpassent en nombre celle de la Grande-Bretagne. La révolte des colonies dégénère en conflit mondial. La Grande-Bretagne est menacée d'invasion ainsi que ses colonies et ses bases partout dans le monde. Le commerce international de la Grande-Bretagne, source de sa puissance et de son pouvoir, est également menacé.

En 1778, Howe est remplacé par le général Henry Clinton, natif de Terre-Neuve, dont la nouvelle stratégie est de circonscrire la révolution à New York, au New Jersey et à la Pennsylvanie.

L'offensive au sud

Le plan de Clinton est de reprendre le sud, qui compte de nombreux sympathisants loyalistes. En 1778, des soldats de la Floride reprennent la Géorgie. En 1779, une armée continentale est défaite à Charleston, en Caroline du Sud. En 1780, les Britanniques se sont rendus maîtres de la majeure partie de la Géorgie, de la Caroline du Sud et de la Caroline du Nord.

Au sud, c'est le général Cornwallis qui commande les forces britanniques. En 1781, il se dirige vers le nord avec une armée de 4 000 hommes à travers la Caroline du Nord jusqu'à Yorktown, en Virginie, près de la baie de Chesapeake sur l'océan Atlantique. Il s'attend à rencontrer la flotte britannique, mais à sa grande surprise, c'est une flotte française et l'armée continentale de George Washington qui l'attendent. La petite armée de 4 000 hommes de Cornwallis ne fait pas le poids devant les 16 000 Français et Américains. En octobre 1781, Cornwallis doit se rendre après avoir résisté plus d'une semaine.

La fin de la guerre?

Lorsque le général Cornwallis se voit forcé de se rendre à la flotte française et à l'armée continentale à Yorktown en 1781, le gouvernement britannique décide de mettre fin à la guerre à tout prix. L'escalade de la révolution dans les colonies a provoqué un conflit mondial avec la France, l'Espagne et la Hollande. La Grande-Bretagne souhaite un climat de paix et le retour à des relations commerciales prospères. Elle est donc disposée à accepter l'indépendance des États-Unis d'Amérique, mais les négociations de paix dureront deux ans. Pendant ce temps, les loyalistes et les rebelles continuent de se bagarrer pour conserver leur maison, leur ville, leur collectivité et leur colonie.

Sauvés par une araignée

À la fin de la guerre d'indépendance américaine, William Schurman et sa famille en fuite tentent d'échapper aux forces rebelles en se cachant dans une grotte durant la nuit. Pendant leur sommeil, une araignée s'applique à tisser sa toile dans l'entrée de la grotte.

À l'aube, les membres de la famille loyaliste entendent les soldats rebelles approcher. Ils ont peur pour leur vie, mais les rebelles aperçoivent la toile d'araignée et se disent que personne n'a dû entrer récemment dans la grotte puisque la toile est intacte. Ils poursuivent leur route sans fouiller la grotte. La famille Schurman réussira finalement à se rendre jusqu'à Bedeque, à l'Île-du-Prince-Édouard.

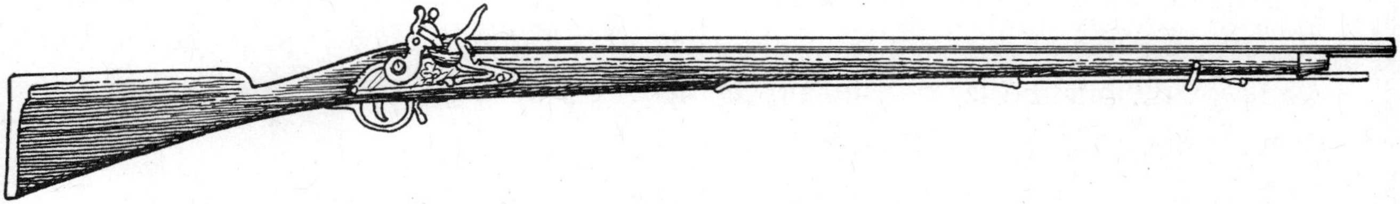

L'arrestation d'un gouverneur

Au moment où la rébellion tourne à la guerre ouverte, les gouverneurs des 13 colonies, nommés par la Grande-Bretagne, se comportent avec les rebelles chacun à leur façon. Au Connecticut, le gouverneur Trumbull se joint aux rebelles. Au Rhode Island, le gouverneur Wanton laisse les rebelles faire à leur guise sans intervenir. Dans les colonies du sud, la plupart des gouverneurs trouvent refuge dans les forts ou sur les navires. Au New Jersey, le gouverneur Franklin, fils illégitime du chef rebelle Benjamin Franklin, tente de raisonner les rebelles, mais ces derniers le mettent en état d'arrestation et l'emprisonnent au Connecticut.

La prison souterraine

Les comités rebelles confisquent ou détruisent les maisons et les biens de leurs voisins loyalistes. Ils les forcent à s'exiler ou les envoient en prison. L'une de ces prisons, et la plus tristement célèbre est la mine de Simsbury où des centaines de prisonniers loyalistes ont été détenus dans des puits de mine abandonnés, à 21 mètres sous terre. William Franklin, qui avait été gouverneur du New Jersey, a été l'un des prisonniers loyalistes enfermés dans ces cavernes glaciales.

Les cowboys *et les* skinners

La vengeance et les atrocités sont courantes dans les deux camps de cette sanglante guérilla. Dans le comté de Westchester, les *Westchester Refugees* (réfugiés de Westchester) de James De Lancey sont aussi appelés *cowboys* et *Cattle Rustlers* (voleurs de bétail), tandis qu'on qualifie les rebelles de *skinners* (dépouilleurs), parce qu'ils volent les citoyens loyalistes et les dépouillent de leurs biens.

Flora MacDonald

Beaucoup de membres de l'immense et puissant clan MacDonald se sont installés dans les 13 colonies et sont demeurés loyaux à la Grande-Bretagne. En Caroline du Nord, Flora MacDonald, son mari Allan et leurs deux fils adultes se battent ouvertement contre les rebelles. Lorsque leur armée est interceptée et défaite par les rebelles, Allan et ses fils sont arrêtés et envoyés en prison. Flora doit se débrouiller seule. De retour en Écosse, Flora se rend célèbre pour avoir aidé le rebelle écossais Bonnie Prince Charlie.

Les Raiders *de Tarleton*

Certains raids parmi les plus dévastateurs ont lieu en Caroline du Nord et en Caroline du Sud, où des officiers britanniques comme Banastre Tarleton, chef de la légion (qu'on appelle aussi les *Raiders* de Tarleton), terrorisent les forces rebelles. Patrick Ferguson commande une autre milice, les *American Riflemen* (fusiliers américains). Les autres forces loyalistes au sud sont le régiment de la Caroline du Sud et les royalistes de la Caroline du Sud.

Quartier de Tarleton

Tarleton acquiert la réputation de brute sanguinaire en Caroline du Nord, à l'occasion du massacre des soldats rebelles à la bataille de Waxhaws, en 1780. En octobre de la même année, Patrick Ferguson perd la vie dans un affrontement à King's Mountain. Ses soldats demandent quartier. Autrement dit, ils demandent grâce, car ils veulent se rendre. Mais au cri de « Quartier de Tarleton! », les forces rebelles massacreront plus de 200 loyalistes.

Les mercenaires allemands

Les navires qui ont amené les troupes de Grande-Bretagne pour aider le général Howe à reprendre les 13 colonies transportaient 26 000 soldats professionnels. Ces derniers provenaient de régiments anglais, irlandais et écossais, mais la plupart d'entre eux, soit 18 000, faisaient partie d'unités allemandes engagées en vertu d'un accord avec la noblesse allemande.

Choisir l'Empire?

En 1780, le Vermont se retire de la guerre contre la Grande-Bretagne et ses colonies et menace de se joindre aux forces de l'Empire britannique. Ethan Allen, qui s'est emparé du fort Ticonderoga et a attaqué la ville de Montréal en 1775, invite même les réfugiés loyalistes déplacés à venir s'installer au Vermont. Ce revirement est dû à un désaccord avec le Congrès continental qui refuse de reconnaître le Vermont comme un état indépendant plutôt qu'une partie de l'État de New York. Bien des années après la guerre, en 1792, le Vermont sera reconnu plus tard comme un état de la nouvelle République américaine.

Les slogans de la guerre

Lorsque des gens défendent des convictions opposées, ils utilisent souvent des slogans pour exprimer leur point de vue. Les slogans peuvent exprimer clairement l'état d'esprit des camps adverses.

Un slogan rebelle : *« Un* tory *est quelque chose qui a la tête en Angleterre et le corps en Amérique, et qui devrait se faire étirer le cou. »*

Un slogan loyaliste : *« Nous avons échangé un tyran à 3 000 milles d'ici contre 3 000 tyrans à un mille d'ici. »*

La loi de Lynch

L'expression « loi de Lynch », utilisée pour décrire le système de justice aux frontières reposant sur la « voyoucratie » (le gouvernement des voyous), plutôt que sur les tribunaux, a vu le jour en Virginie pendant la guerre d'indépendance américaine. Le « juge » Lynch n'était pas juge, mais un colonel de la milice de la Virginie. Il aime « tenir des procès » dans sa maison et « condamner » les loyalistes à des amendes, à la prison, à l'exil ou à un châtiment. Les gens se rassemblent en foule pour assister à de cruels « sports-spectacles » tels que le « goudronnage et le plumage » qui consistent à enduire de goudron bouillant le corps nu de la victime et à y coller des plumes pour l'humilier. Le goudronnage cause de graves brûlures et, lorsque la victime tente d'enlever le goudron, elle s'arrache en même temps des bouts de peau et des touffes de poils ou de cheveux. La victime peut en mourir. Le « rail-riding » consiste à installer un homme à califourchon sur une barre de fer coupante et à lui faire faire un douloureux tour de ville pendant qu'il rebondit sur la barre. Il arrive que le pauvre homme ne puisse plus avoir d'enfants. Plus tard, l'expression « loi de Lynch » comprendra également les pendaisons et les « lynchages » perpétrés par des foules en furie.

À FAIRE

Fabrication d'un hausse-col

Les directives se trouvent à la page 35.

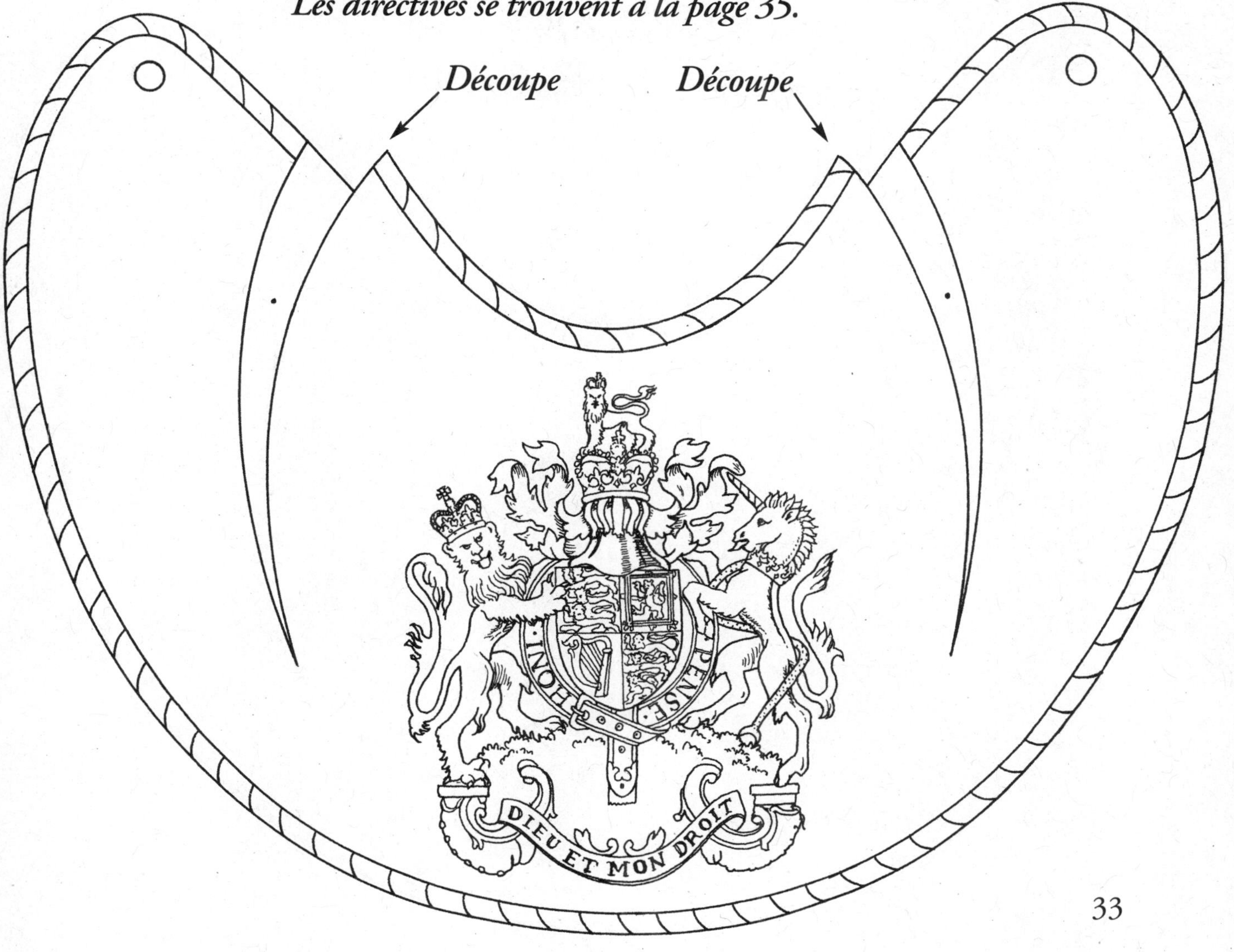

Découpe à partir de l'autre côté.

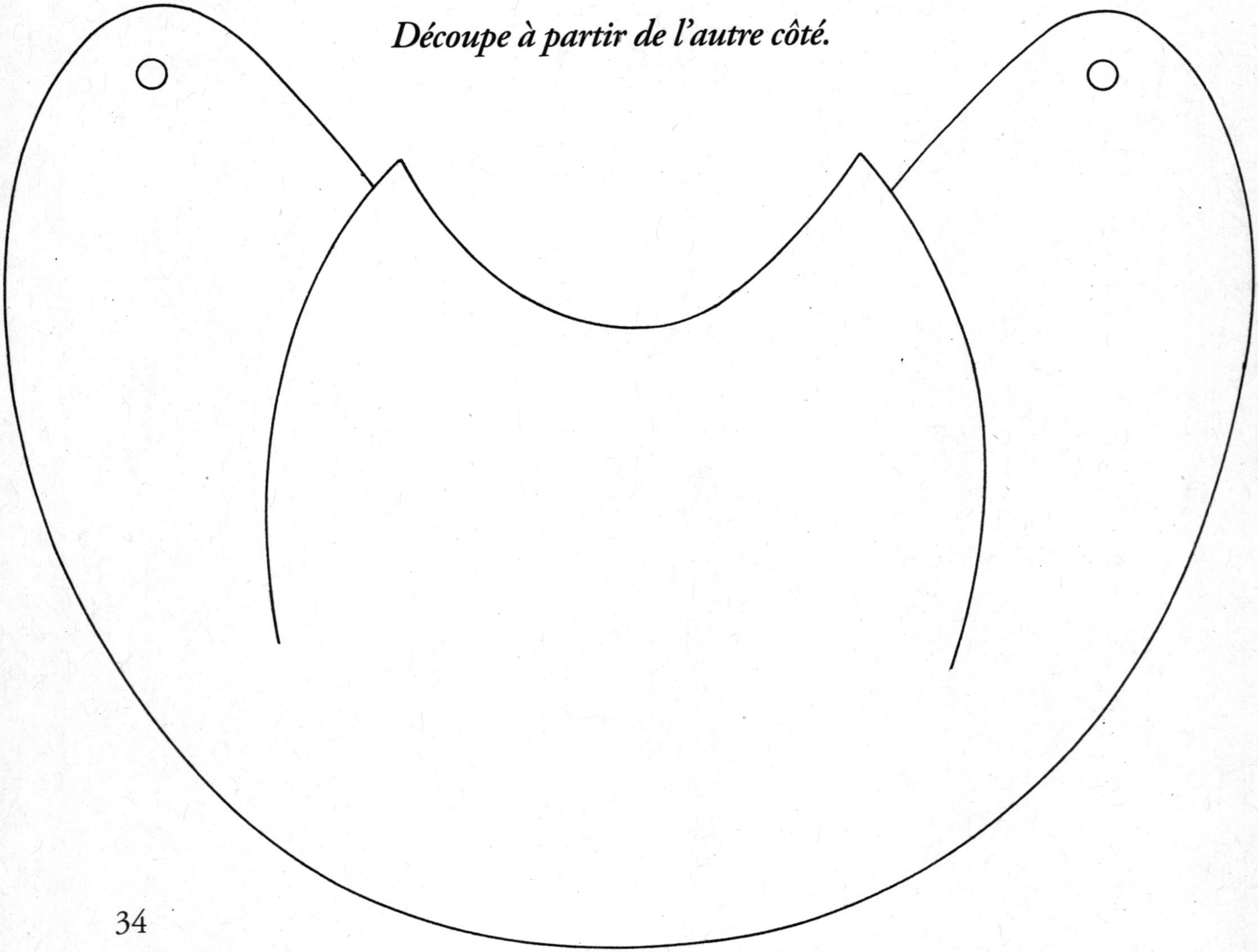

Fabrication d'un hausse-col

Le hausse-col était un plastron de cérémonie qui symbolisait le rang des officiers de l'armée.

Ce qu'il te faut :

- ciseaux
- colle blanche
- crayons de cire ou de couleur
- ½ mètre de ficelle ou de laine

Ce qu'il faut faire :

1. Photocopie la page 33. Colore le hausse-col en jaune avant de le découper. Ne colore pas les rabats.
2. Colle les rabats sous les côtés de la partie centrale. Applique une légère couche de la colle uniquement sur les rabats.
3. Perce des trous dans les coins du hausse-col et attache une ficelle. Tu peux maintenant porter ton hausse-col. (Comme sur le portrait de Joseph Brant à la page 39.)

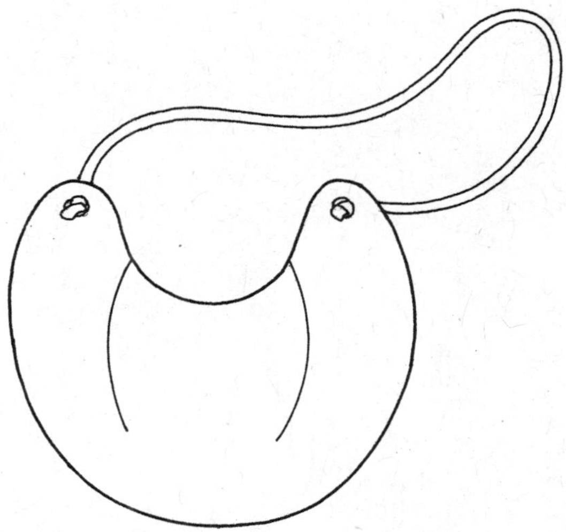

CHAPITRE 3

Autochtones et Rangers

Joseph Brant, John Johnson, John Butler et les autres

Tout comme la révolution a divisé les colons des 13 colonies, elle divisera les tribus autochtones. La Confédération des Six-Nations, appelée le Grand arbre de la Paix par les Iroquois, est déchirée. Les Senecas, les Mohawks et les Cayugas se rangent du côté des Britanniques. Les Onondagas, les Oneidas et les Tuscaroras combattent généralement aux côtés des Américains.

Joseph Brant, le chef de guerre mohawk, soutient loyalement les Britanniques. Il les a aidés à remporter la victoire sur Pontiac, le chef des Ottawas, qui a dirigé un soulèvement des Shawnis et des Delawares dans l'ouest en 1763.

Les Autochtones de la vallée de la Mohawk sont restés fidèles aux Britanniques en raison de la popularité de sir William Johnson, le surintendant autochtone qui a épousé Molly, la sœur de Joseph Brant. Après la mort de sir William, décédé subitement d'un accident vasculaire cérébral, son fils John hérite des titres de son père, mais cède à son cousin, le colonel Guy Johnson, le rôle de surintendant des Indiens. Joseph Brant devient le secrétaire des affaires indiennes du colonel Guy Johnson.

À la déclaration des hostilités, les rebelles et les loyalistes tentent d'obtenir l'appui des Six-Nations. En 1774, sir Guy Carleton, alors gouverneur du Canada, invite Brant et les chefs de guerre Senecas, Old Smoke et Cornplanter à Montréal. Brant assure à Carleton l'appui au roi d'Angleterre de 3 000 Mohawks.

Le fort Stanwix (1777)
Après s'être rendu en Angleterre afin de rencontrer le roi George, Brant revient dans la vallée de la Mohawk en 1776. Les toutes premières batailles de la révolution de Boston et Québec ont pris fin et, en 1777, Burgoyne poursuit son avancée dans New York. En vue de renforcer l'attaque de Burgoyne, Joseph Brant, le chef de guerre des Mohawks, joint ses forces à celles du régiment royal de sir John Johnson de New York et des célèbres *Rangers* du colonel John Butler, afin de s'emparer du fort Stanwix. Ils encerclent le fort pour ce qui s'avérera un long siège.

L'embuscade à Oriskany (1777)
Un commandant rebelle, le général Herkimer, tente de venir à la rescousse du fort Stanwix, mais Molly Brant fait avertir les loyalistes et ils postent leur armée en embuscade. Plus de 400 combattants rebelles perdent la vie et le général Herkimer meurt après avoir été amputé d'une jambe.

Le Wyoming (1778)
Les forces loyalistes déferlent dans le Wyoming en juillet 1778. De nombreuses familles d'agriculteurs sont victimes de massacres inhumains. Brant n'est pas présent, mais les rebelles lui attribueront personnellement le blâme pour cet affront.

La vallée Cherry
Brant participe à l'opération de la vallée Cherry, mais c'est Walter, fils de John Butler, qui commande les troupes. Walter Butler avait subi de mauvais traitements dans une prison rebelle avant de s'évader et de se joindre aux *Rangers* de son père. Les Senecas, pour leur part, veulent se venger des atrocités commises par les rebelles envers leurs femmes et leurs enfants, et effectuent un massacre sanglant des colons, parfois aussi bien loyalistes que rebelles. Plus de 30 femmes et enfants sont scalpés et mutilés. La

Joseph Brant

plupart des hommes sont tués. Les bâtisses et les moissons sont incendiées. Brant lui-même empêche les Senecas de tuer une femme loyaliste, mais arrive trop tard pour mettre fin au massacre. Mis au courant de ces atrocités, John Butler est furieux.

German Flatts

Les Mohawks et les Rangers loyalistes continuent de terroriser les colons rebelles par des incursions dans la vallée Susquehanna, en Pennsylvanie, et la vallée Schoharie, dans l'État de New York. Les villages d'Andrustown et de German Flatts sont saccagés et détruits, mais en dépit de la réputation de sauvage sans pitié qui se répand à son propos chez les rebelles, Joseph Brant veille à limiter les pertes de vie au minimum. Il désapprouve la cruauté et les meurtres inutiles.

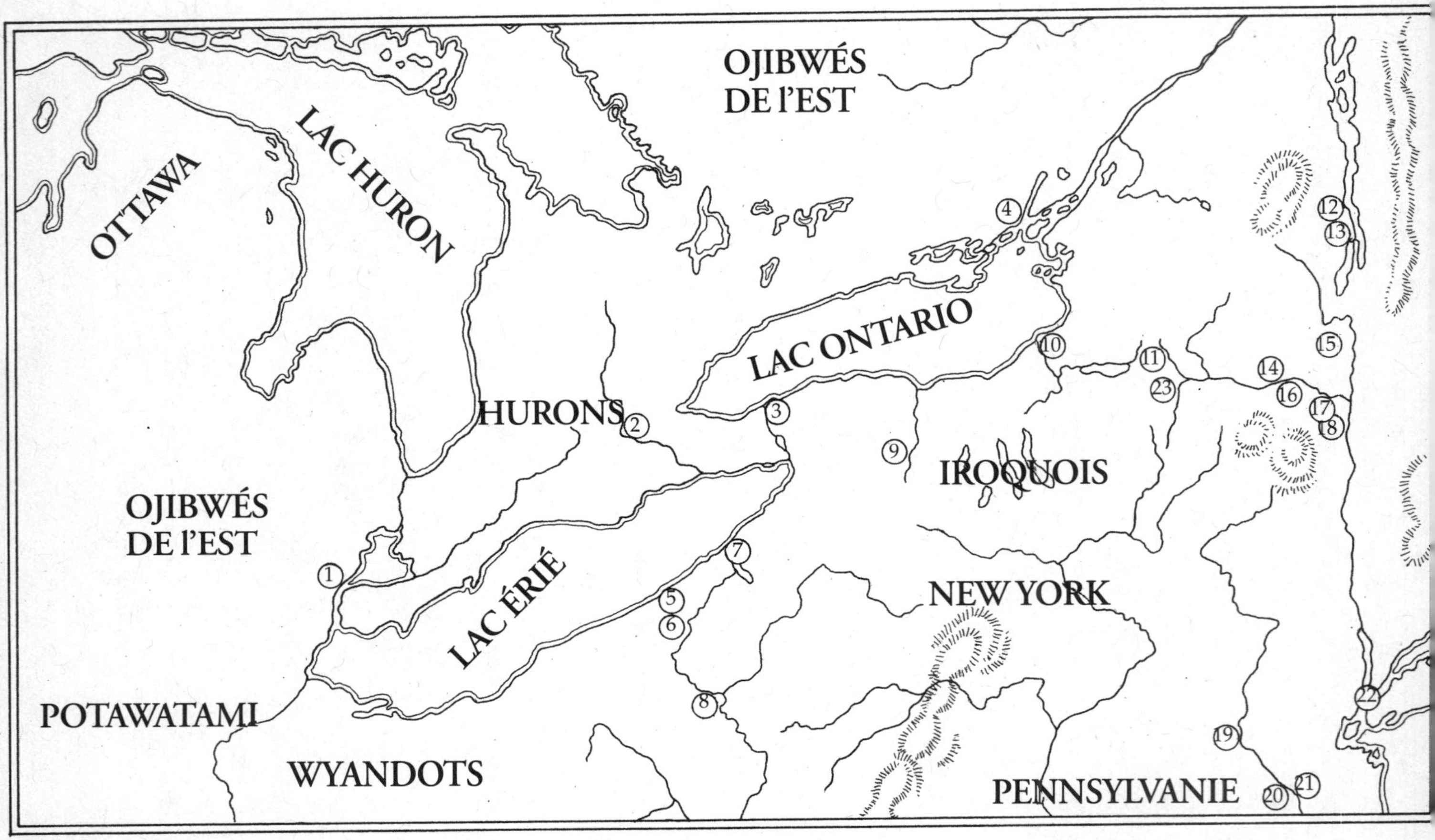

LÉGENDE DE LA CARTE SUR LES TERRITOIRES AUTOCHTONES À L'ÉPOQUE DE LA RÉVOLUTION

1 Detroit
2 Brantford
3 fort Niagara
4 fort Frontenac (Kingston)
5 fort Presque Isle
6. fort Leboeuf
7 Westfield
8 fort Venango
9 Wyoming
10 Oswego
11 fort Stanwix
12 Crown Point
13 Ticonderoga
14 fort Johnson
15 Saratoga
16 Cherry Valley
17 fort Hunter
18 Albany
19 Easton
20 Philadelphie
21 Trenton
22 New York
23 German Flatt

Les représailles des rebelles (1779)

En 1779, les chefs rebelles dépêchent le général James Clinton à la tête de 5 000 soldats pour venger les raids de 1778. Un autre général rebelle, John Sullivan, dirige une deuxième armée à partir de l'ouest.

Les *Rangers* et les Autochtones loyalistes doivent battre en retraite pendant qu'on incendie leurs demeures et leurs récoltes. Les Iroquois sont des agriculteurs. La plupart vivent dans des maisons et des villages, tout comme leurs voisins blancs. Au moins 41 villages iroquois sont détruits et ravagés. Des fermes productives sont incendiées. Les hommes, les femmes et les enfants sont massacrés.

Le retour des loyalistes (1780)

En 1780, les *Rangers* de Brant, les *Royal Yorkers* de John Johnson et les *Rangers* de Butler frappent à nouveau, attaquant villages et colonies de l'État de New York jusqu'à venir à bout de tous les résistants rebelles. En 1781, les Rangers et les Autochtones font des incursions au sud du Kentucky pour libérer et rescaper les prisonniers loyalistes. Lors de la bataille de Blue Licks, Butler crée une embuscade sur le passage de la force de Daniel Boone et, à cette occasion, le fils de Daniel meurt dans les bras de son père.

massue iroquoise

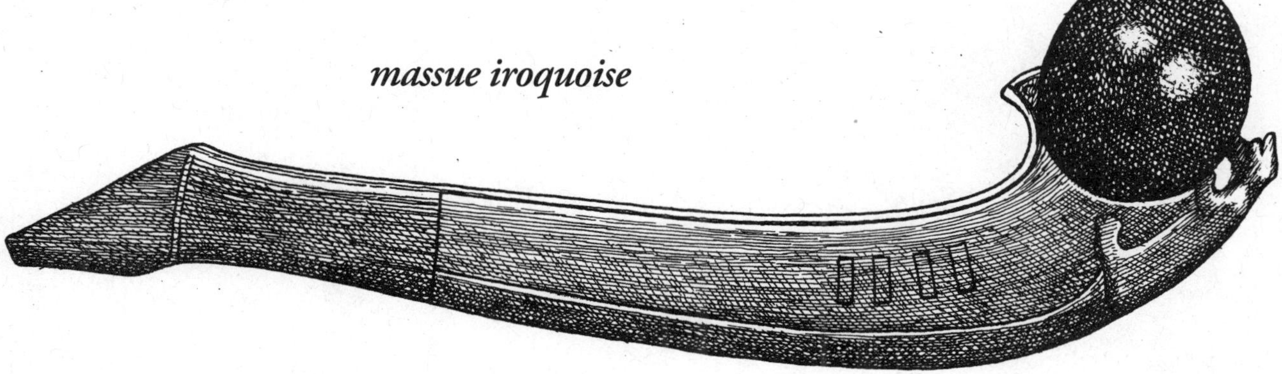

Le baise-main et les rois

Le colonel Guy Johnson (cousin de John Johnson) fait le nécessaire pour amener Joseph Brant et son cousin John Deseronto (Deserontyon) en Angleterre pour y rencontrer le roi George. La célébrité des chefs autochtones est instantanée et de nombreux cadeaux leur sont offerts. Brant reçoit une montre en or et se voit accorder le grade de capitaine de l'armée britannique, en bonne et due forme.

Le colonel Johnson s'agenouille devant le roi George et lui baise la main. Mais au moment où le roi tend la main à Brant, celui-ci la pousse de côté affirmant qu'il ne baise pas la main d'un autre homme. Le malaise se dissipe lorsque Brant offre de baiser la main de la reine à la place. Les Autochtones se disent de loyaux alliés et non de loyaux sujets.

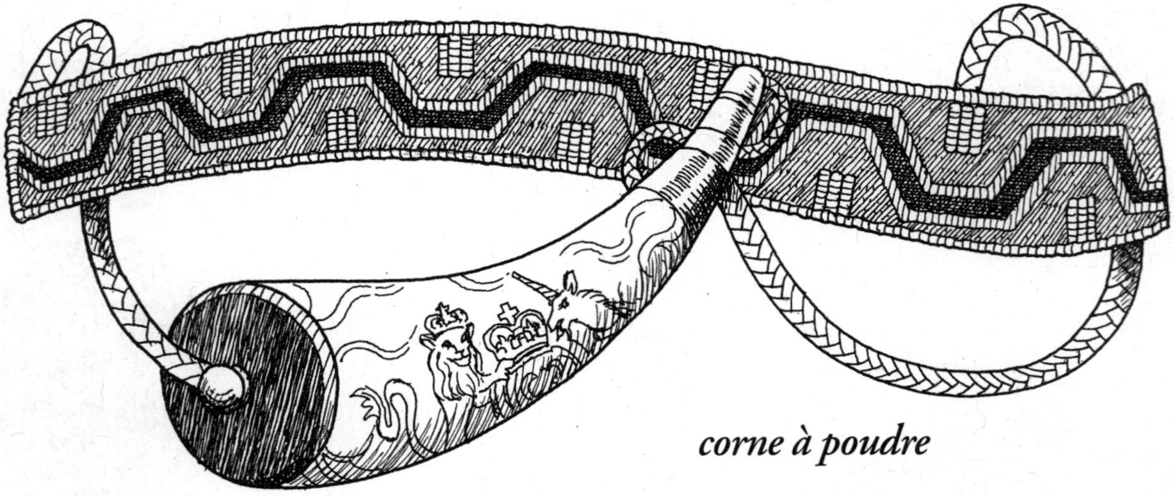

corne à poudre

Un chef en pleurs

Un des soldats rebelles américains présents à la vallée Cherry, témoin de l'arrivée de Joseph Brant après l'horrible massacre, écrit ce qui suit au sujet de la réaction de Brant :

> « (Brant) s'est retourné et a sangloté. Puis il s'est repris, a dit à Butler qu'il ferait la guerre à l'Amérique, mais qu'il ne serait ni un meurtrier ni un boucher. »

Attaqués par des corsaires

Durant leur voyage de retour entre la Grande-Bretagne et l'Amérique du Nord, en juin 1776, Joseph Brant et Deseronto aperçoivent un navire de corsaires yankees venant vers leur bateau, le *Harriot*, endommagé par la tempête et à la dérive sur les eaux. En Angleterre, les chefs avaient reçu des présents, y compris de nouveaux fusils. Ainsi armés, ils montent les armes sur le pont et commencent à tirer sur les officiers et les hommes du navire rebelle. Après que les Autochtones eurent tué cinq de leurs attaquants, le navire ennemi fit marche arrière et les laissa tranquilles.

Des pièces d'identité en temps de guerre

De nos jours, les soldats portent une plaque d'identité lors des batailles, afin qu'on puisse les identifier s'ils se font tuer. En Angleterre, Joseph Brant avait acheté un anneau d'or sur lequel il avait fait graver son nom d'homme blanc et son nom autochtone (J. Brant-Thayendanegea) au cas où il mourrait au combat.

Des femmes-chefs

Bien qu'aucune femme n'ait été élue ou nommée au gouvernement (en fait, elles n'avaient même pas le droit de vote) en Grande-Bretagne ou dans les colonies américaines en 1776, ce n'était pas le cas chez les Mohawks. Les Iroquois* avaient une forme matriarcale de gouvernement. Les femmes élisaient le conseil des sachems ou des « sages » qui, à son tour, nommait les chefs de guerre. Les enfants portaient le nom de famille de leur mère, non de leur père.

Avant que Molly Brant n'épouse le riche et puissant propriétaire irlandais de la vallée de la Mohawk, sir William Johnson, elle avait autant d'influence sur la nation iroquoise qu'il en avait sur la société blanche. Son pouvoir dans la tribu était un grand atout pour sir William dans son rôle de superviseur des Indiens. Molly donnera deux fils et six filles à sir William. Ces enfants s'ajouteront aux six qu'il avait eus de précédents mariages, trois avec une Mohawk et trois autres avec une servante allemande, dont son fils John Johnson.

Les communautés autochtones

Les tribus de la Confédération iroquoise étaient traditionnellement agricoles. Les Iroquois n'étaient pas des chasseurs nomades. À l'époque de la révolution, la plupart des fermes et villages mohawks ne différaient pas beaucoup de ceux des collectivités blanches avoisinantes.

Les Mohawks s'habillaient à la mode de l'époque et habitaient des maisons comme celles des Blancs. Joseph Brant aimait son thé anglais et pratiquait dévotement sa religion chrétienne.

* Pour en savoir plus, reportez-vous au livre de la série « À la découverte du Canada », intitulé *Les Premières nations*.

Des femmes de tempérament

Joseph Brant admirait les femmes fortes et déterminées. Sa première épouse, Owaisa (Peggy), une Oneida, était réputée pour son tempérament explosif. Owaisa avait donné à Brant un fils et une fille avant de mourir de la tuberculose. La deuxième épouse de Brant était la demi-sœur d'Owaisa, Onogala (Susanna), mais elle mourut de la même maladie en moins d'un an.

En 1775, l'année où débute la révolution américaine, Brant épouse Catherine Croghan, dont le père est irlandais et la mère une chef mohawk. Elle a encore plus de caractère qu'Owaisa.

La fuite devant les rebelles

John Johnson a dû quitter son épouse enceinte, Polly, et son fils de 15 mois, William, pour se rendre à Montréal commander les Royal Yorkers. Les rebelles ravagent la maison de Johnson, arrêtent Polly, et l'amènent à Albany pour un interrogatoire. Après la naissance de son fils, une servante noire appelée Long aide Polly à s'enfuir. Elles parcourront 225 km à pied dans l'hiver glacial jusqu'à New York, alors occupée par les Britanniques. Pour traverser le fleuve Hudson à moitié dégelé, Polly tient son nouveau-né dans les bras et Long transporte le jeune William en sautant d'une plaque de glace à une autre. Elles donnent finalement un pot-de-vin à un passeur qui les amène à l'île Manhattan, mais le bébé meurt dans les bras de sa mère. De nouveau réunis, Molly et John passeront le reste de la révolution à Lachine, au Canada, où elle donnera naissance à ses autres enfants.

Émigrant du Royal Highland

Des unités loyalistes

Il y avait quatre « départements » militaires britanniques durant la révolution et chacun comptait des unités de milice composées de loyaux volontaires. Celui au sud était en Floride et celui au centre à New York, de 1776 à 1783; celui à l'est (ou au nord-est) était en Nouvelle-Écosse et celui au nord, au Canada, avait été créé par l'*Acte de Québec* de 1774.

Les émigrants du Royal Highland

Ils étaient commandés par Allen Maclean qui recrutait de loyaux Écossais portant le kilt, qu'il allait tirer de leur foyer au Canada et dans la vallée de la Mohawk dans l'État de New York. On les avait envoyés défendre Québec en 1775 et ils sont restés dans les forts le long de la frontière pendant toute la durée de la révolution pour protéger le Canada de l'invasion rebelle.

King's Royal Regiment

Le King's Royal Regiment (de New York)
Cette unité provinciale était commandée et équipée par sir John Johnson, riche et puissant propriétaire de la vallée de la Mohawk. C'était le plus imposant corps provincial, également connu sous les noms de Royal Yorkers et Royal Greens. En 1776, chassés de leur foyer par les rebelles, ces réfugiés de l'État de New York sont arrivés par centaines à Montréal avec femmes et enfants. À partir du territoire canadien, ils font des incursions dans les États du nord, de 1777 à 1782, incendiant les provisions des rebelles, et libérant les loyalistes capturés.

Le département des Affaires indiennes
Les guerriers autochtones constituaient une force puissante qui travaillait étroitement avec les unités provinciales. Le cousin et beau-frère de John Johnson, Guy Johnson, était surintendant des Affaires indiennes dans le Nord.

Les Rangers de Butler

Sous les ordres de John Butler et de son fils Walter, les Rangers étaient une mystérieuse force mobile. L'été, ils voyageaient en canot ou suivaient des sentiers en forêt. L'hiver, ils voyageaient en traîneau ou en raquette. Bien habillés dans leurs vêtements de coureur des bois, et armés de fusils, de tomahawks et de couteaux à scalper, ils se comportaient comme des commandos modernes, attaquant, incendiant, puis disparaissant dans la forêt. Ils collaboraient étroitement avec leurs alliés autochtones.

Les Mohawks

Sous les ordres de Joseph Brant, les Mohawks et les Rangers de Brant combattaient aux côtés des Rangers de Butler et des Royal Yorkers de John Johnson contre les rebelles menaçant leur territoire traditionnel dans la vallée de la Mohawk, dans l'État de New York. Plus de 300 guerriers et 200 femmes et enfants trouvèrent refuge à Montréal; d'autres au fort Niagara.

Ranger de Butler

La King's Rangers

Cette unité loyaliste d'habitants pittoresques à la limite des terres colonisées, plume au chapeau, était établie à New York en 1779 et faisait partie du « département » du centre. Son chef légendaire, Robert Rogers du New Hampshire, s'était rendu populaire en qualité de héros de la guerre de Sept Ans. Il avait ses quartiers au fort Saint-Jean au Canada. Le frère de Robert, James, le remplacera aux commandes par la suite. Les King's Rangers faisaient parfois office d'agents secrets qu'on envoyait en éclaireurs dans le territoire des rebelles.

Les Loyal Rangers (du Vermont)

Les trois frères Jessup, Edward, Ebenezer et Joseph se rendent au Canada en 1776 avec une petite armée de réfugiés loyalistes. Sous les ordres du major Edward Jessup, les Loyal Rangers ont été formés en 1781 par la réunion de deux corps qui avaient participé à l'invasion de New York dirigée par le général Burgoyne en 1777 : les King's Loyal Americans commandés par le frère d'Edward, Ebenezer Jessup, et les Queen's Loyal Rangers dirigés par John Peters du Connecticut.

King's Ranger

Jeu du drapeau

Ce qu'il te faut :

un grand champ ou terrain de jeu
deux drapeaux sur des tiges légères
des brassards de deux couleurs différentes pour les membres de chaque équipe.

Objectif :

Capturer le drapeau de l'équipe opposée tout en protégeant son propre drapeau.

Ce qu'il faut faire :

1. Installe le terrain selon le schéma.
2. Choisis un arbitre (un enseignant ou un chef de groupe).
3. Divise les joueurs en deux équipes d'au moins huit joueurs.

Règles du jeu :

1. On peut capturer tout joueur qui se trouve sur le territoire adverse en le touchant avec les deux mains et en disant « capturé ». Ce joueur doit alors rester dans la prison.
2. Les gardiens ne doivent pas se tenir à moins de 10 mètres du drapeau. Ils peuvent poursuivre l'ennemi dans la zone de 10 mètres.
3. Un prisonnier peut être libéré par un membre de son équipe qui traverse la ligne et le touche pendant qu'il se trouve dans la prison. Le prisonnier et son sauveur peuvent alors tous deux retourner dans leur propre territoire.

4. Si un joueur qui a pris le drapeau de l'équipe adverse est capturé avant d'être revenu à son territoire, il doit laisser le drapeau là où il a été capturé et le jeu se poursuit.
5. Si aucune équipe ne réussit à capturer le drapeau de l'autre dans un délai fixé par les deux équipes (par ex., une heure), l'arbitre termine la partie par un coup de sifflet. C'est alors l'équipe qui a le plus de prisonniers qui gagne la partie.

Début de la partie :

Les deux équipes se rencontrent à la ligne du centre, mais chacune dans son territoire. L'arbitre explique les règles. L'arbitre siffle une fois. Les équipes retournent près de leur drapeau. L'arbitre siffle une deuxième fois et le jeu commence.

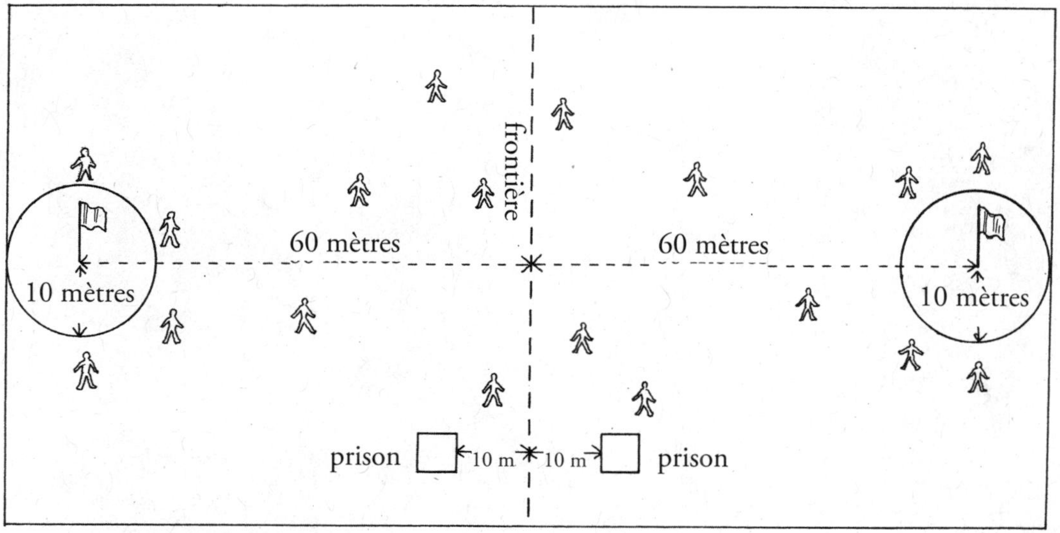

CHAPITRE 4 *Réfugiés en exil*

Frederick Haldimand, John Parr et les autres

Le *Traité de Paris* de 1783 reconnaît l'indépendance des États-Unis et accorde aux rebelles tout le territoire américain qui a été défendu par les loyalistes britanniques durant la Révolution. La guerre est finie, mais le conflit entre les colons qui ont appuyé la Grande-Bretagne et les rebelles victorieux demeure. La persécution des loyalistes augmente.

On détruit, pille et vole leurs terres, fermes, maisons, animaux d'élevage, meubles et vêtements. Les rebelles molestent les hommes, les femmes et les enfants. Ils les torturent, les couvrent de goudron et de plumes, les chassent de la ville, les pendent ou les fusillent. Il arrive que des foules en colère s'en prennent aux loyalistes. En d'autres occasions, les « comités de patriotes » confisquent les maisons et les biens des loyalistes pour les donner à des sympathisants rebelles. De nombreux loyalistes déterminés préfèrent s'exiler plutôt que de prêter serment d'allégeance au nouveau pays.

Retour de Carleton

Sir Guy Carleton, l'ancien gouverneur du Canada qui a défendu Montréal et Québec durant les premières années de la guerre, devient le nouveau commandant en chef des forces britanniques en Amérique du Nord, en remplacement du général Clinton. Carleton se voit chargé de la difficile tâche de céder les 13 colonies aux rebelles tout en veillant à la sécurité et au déplacement d'environ 70 000 loyaux citoyens britanniques. C'est le début d'une migration massive.

La plupart des réfugiés loyalistes se dirigent vers le nord, dans les régions sauvages du Canada, pour y construire de nouvelles maisons et y bâtir de nouveaux villages. En raison de leur grand nombre et de leur profond sens du devoir, de l'honneur et des principes, ils confèrent un caractère distinctif aux nouvelles collectivités où ils s'installent et dans celles qu'ils fondent.

Plus au sud, les habitants du bastion loyaliste de Savannah, en Géorgie, sont choqués d'apprendre que toutes les troupes britanniques seront évacuées. Plus de 7 500 citoyens doivent abandonner leur ville. La Floride orientale et la Floride occidentale, qui n'ont jamais été des territoires rebelles, sont remises à l'Espagne, forçant ainsi les loyalistes consternés à aller s'installer ailleurs. Plus de la moitié des réfugiés au sud sont des loyalistes noirs ou des esclaves noirs appartenant à des loyalistes blancs. De nombreux propriétaires d'esclaves s'installent dans des plantations aux Antilles avec leurs ouvriers, mais les Noirs libres et les esclaves en fuite préfèrent s'embarquer à bord des navires à destination de la Nouvelle-Écosse. Guy Carleton refuse d'accéder aux demandes des rebelles qui exigent le retour des esclaves en fuite.

Avant de retirer ses troupes, Carleton doit déplacer une vaste population de plus de 35 000 loyalistes qui se sont rassemblés dans la ville de New York et dans les environs. Il réunit une flotte de 183 navires dont bon nombre reviendront, à plusieurs reprises, prendre d'autres passagers au cours de l'été et de l'automne 1783. Les navires se déplacent en groupes de 12 ou plus, afin de se protéger des très dangereux navires-corsaires américains qui écument les mers, comme des vautours, à l'affût des navires de réfugiés qu'ils entendent tuer pour s'emparer de leurs biens.

À l'automne 1782, le premier groupe navigue en direction d'Annapolis, en Nouvelle-Écosse. Environ 35 000 personnes partent pour la Nouvelle-Écosse au cours de l'été 1783. En octobre, tous les civils ont pris la mer et Carleton commence à retirer ses troupes. En novembre, les derniers soldats quittent New York.

Le voyage de New York à Halifax, qui dure une semaine ou deux, est une expérience dangereuse et pénible. Les navires bondés où sévissent souvent des maladies comme la rougeole et la variole doivent traverser la turbulente baie de Fundy.

En septembre 1783, le *Martha* se fracasse contre des rochers au large de l'île du cap de Sable. Les 115 hommes, femmes et enfants victimes du naufrage sont des loyalistes du Maryland et des Westchester Refugees de James De Lancey.

La Nouvelle-Écosse

En 1782, le nouveau gouverneur de la Nouvelle-Écosse, un ancien soldat du nom de John Parr, doit faire face à un afflux massif de réfugiés ayant besoin de soins, de provisions, de terres et d'aide pour s'établir. La Nouvelle-Écosse ne compte que 12 000 colons à l'arrivée des 35 000 réfugiés. Environ 20 000 de ces réfugiés débarquent dans la péninsule de la Nouvelle-Écosse et 15 000 autres dans la Nouvelle-Écosse continentale (le Nouveau-Brunswick d'aujourd'hui).

Avant l'arrivée des réfugiés, Halifax, le quartier général de la flotte britannique en Amérique du Nord, est davantage un poste militaire qu'une colonie. On promet à chaque réfugié loyaliste la généreuse concession d'une terre de 40 hectares, et 20 hectares de plus pour chaque membre de la famille, et plus encore si l'homme a occupé un poste dans l'armée ou un poste supérieur au gouvernement. Il faut distribuer de la nourriture, du bois d'œuvre, un outillage et des semences aux nouveaux venus. Les nouveaux colons deviendront fermiers, mais ils se lanceront aussi en affaires dans le domaine de l'exploitation des forêts, de la navigation et de la pêche.

LÉGENDE

1. **Clan MacDonald :** y compris Flora et Allan MacDonald de la Caroline du Nord (1778) (Windsor, Nouvelle-Écosse)
2. **Légion britannique :** « Raiders de Tarleton » de la Caroline du Nord et de la Caroline du Sud (1783) (Port Mouton, Nouvelle-Écosse)
3. **Pionniers noirs :** milliers de Noirs libres et d'esclaves en fuite (Birchtown, Nouvelle-Écosse et autres villages)
4. **Réfugiés de New York :** (première flotte le 4 mai 1783) (Port Roseway, nouveau village qui deviendra plus tard Shelburne)
5. **Loyalistes d'Albany, New York :** dirigés par Abraham Cuyler (Île-du-Cap-Breton)
6. **Loyalistes du Rhode Island :** établis à l'Île-du-Prince-Édouard.
7. **Loyalistes de New York :** fondent le village de Summerside à l'Île-du-Prince-Édouard

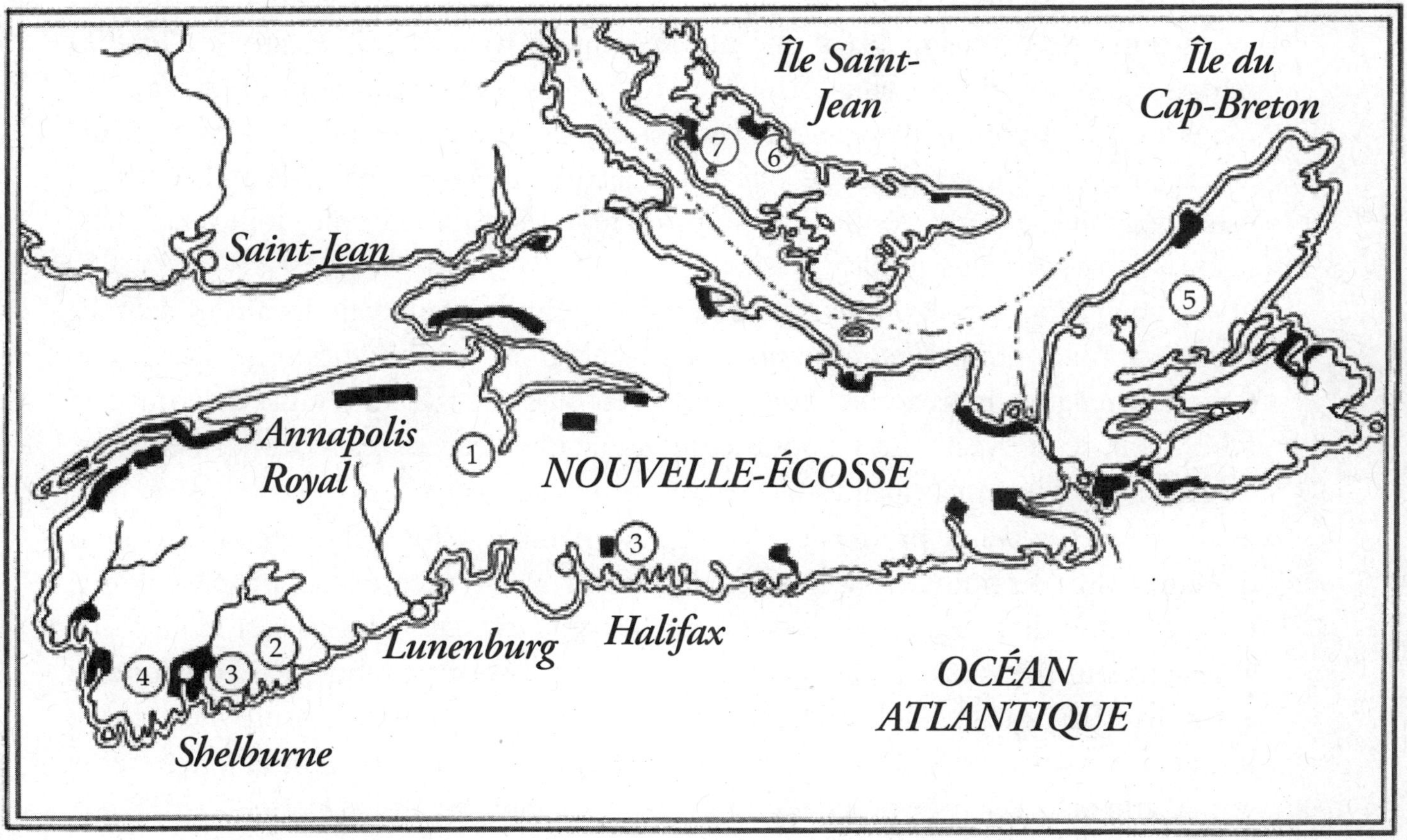
Île Saint-
Jean
Île du
Cap-Breton
Saint-Jean
7
6
5
Annapolis
Royal
1
NOUVELLE-ÉCOSSE
3
2
4
3
Lunenburg
Halifax
OCÉAN
ATLANTIQUE
Shelburne

Le Nouveau-Brunswick

Jusqu'à l'été 1783, le fort Howe, à l'embouchure du fleuve Saint-Jean, était un petit avant-poste sans histoire avant que ne débarquent, vague après vague, les 15 000 réfugiés évacués de la ville de New York. Les responsables doivent s'activer frénétiquement pour octroyer des terres aux réfugiés qui craignent de ne pas pouvoir les ensemencer et obtenir une récolte avant l'arrivée de l'hiver. Saint-Jean, la ville des échanges commerciaux, voit le jour. D'autres réfugiés se dirigent plus loin vers l'ouest jusqu'à la baie Passamaquoddy.

La migration vers la Nouvelle-Écosse d'un grand nombre de loyalistes écossais des 13 colonies donne lieu à de nouveaux problèmes. Les réfugiés sont loyaux à la Grande-Bretagne, mais accoutumés à des assemblées élues et tout aussi déterminés à faire valoir de nouveaux droits pour leur colonie que l'étaient les rebelles américains. Toutefois, ils n'iront pas jusqu'à recourir à une rébellion armée.

L'*Acte de Québec* ne prévoyait pas un gouvernement démocratiquement élu et, en quelques mois, les nouveaux venus demandent qu'on leur accorde leur propre colonie, indépendante de la Nouvelle-Écosse et de son gouverneur, John Parr, à Halifax. Ils adressent leur demande directement au gouvernement britannique. Par conséquent, en moins d'un an, en juin 1784, la nouvelle colonie du Nouveau-Brunswick voit le jour, créée à partir de la Nouvelle-Écosse continentale. Thomas Carleton, le frère de Guy Carleton, devient le premier gouverneur du Nouveau-Brunswick. En 1791, à la mort du gouverneur Parr, le réfugié loyaliste John Wentworth, gouverneur destitué du New Hampshire, le remplace.

LÉGENDE

1. **Westchester Refugees :** Premier bataillon des Westchester Refugees de James De Lancey, du nord-ouest de l'État de New York (1783)
2. **King's American Regiment :** de la Caroline du Nord et de la Caroline du Sud, sous les ordres d'Edmund Fanning
3. **King's American Dragoons**

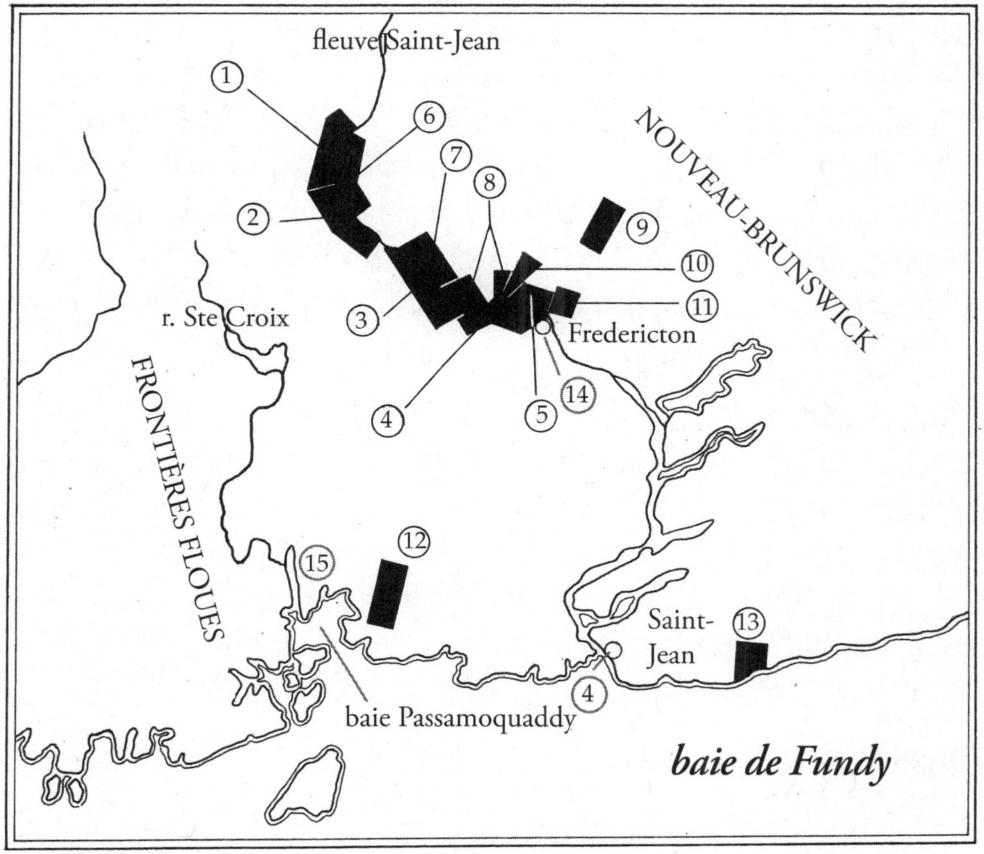

4. **Loyalistes du New Jersey :** (Saint-Jean, Nouveau-Brunswick)
5. **Prince of Wales Regiment**
6. **Loyalistes de Pennsylvanie**
7. **Queen's Rangers**
8. **Guides et pionniers**
9. **42e Régiment**
10. **Volontaires de New York**
11. **Loyalistes du Maryland**
12. **Royal Fencible Americans**
13. **Orange Rangers**
14. **King's Americans** et autres corps provinciaux (vallée du fleuve Saint-Jean au Nouveau-Brunswick et Sainte-Anne qui deviendra Fredericton)
15. **Loyalistes penobscots du Maine :** qui ont traversé la baie Passamaquoddy (1783) (St. Andrews, Nouveau-Brunswick)

L'île du Cap-Breton

L'île Royale qui ne compte que très peu de colons est envahie par l'afflux massif de loyalistes, et sous la gouverne d'Abraham Cuyler d'Albany de l'État de New York, se sépare de la Nouvelle-Écosse en 1784 pour devenir la nouvelle colonie du Cap-Breton*. Cette même année, environ 400 réfugiés loyalistes de New York et 140 autres, qui sont passés par la ville de Québec, débarquent sur l'île. En 1785, des élections au Nouveau-Brunswick et au Cap-Breton créent des assemblées législatives coloniales dirigées par les nouveaux réfugiés.

L'Île-du-Prince-Édouard

Avant 1783, l'île Saint-Jean est indépendante et presque inhabitée sous la mainmise de riches propriétaires fonciers. Lorsque 800 réfugiés de New York débarquent sur l'île, ils fondent la ville de Summerside et rebaptisent l'île Saint-Jean qui devient l'Île-du-Prince-Édouard. Certains loyalistes se rendent jusqu'à Terre-Neuve, mais pas en aussi grand nombre que dans les autres colonies au nord, où l'arrivée massive de loyalistes aura des répercussions considérables.

Le Bas-Canada

Frederick Haldimand, gouverneur du Canada de 1777 à 1786, est un ancien soldat de fortune né en Suisse. Sa tâche, comme celle du gouverneur Parr en Nouvelle-Écosse, est de s'occuper des milliers de réfugiés loyalistes qui arrivent du sud. Ses problèmes sont de plus grande envergure, car les nouveaux venus sont des anglophones protestants qui espèrent s'établir dans une colonie francophone et catholique. Certains vont naviguer jusqu'en Gaspésie pour fonder des villes anglophones dans la région de la baie des Chaleurs et de Gaspé.

Les Écossais des Hautes-Terres d'Allen Maclean de la vallée de la Mohawk sont à Montréal et à Québec depuis 1775. Ils sont en grande partie responsables de la victoire contre les armées d'envahisseurs rebelles.

* L'Île du Cap-Breton sera réintégrée plus tard à la Nouvelle-Écosse et fera partie de cette province.

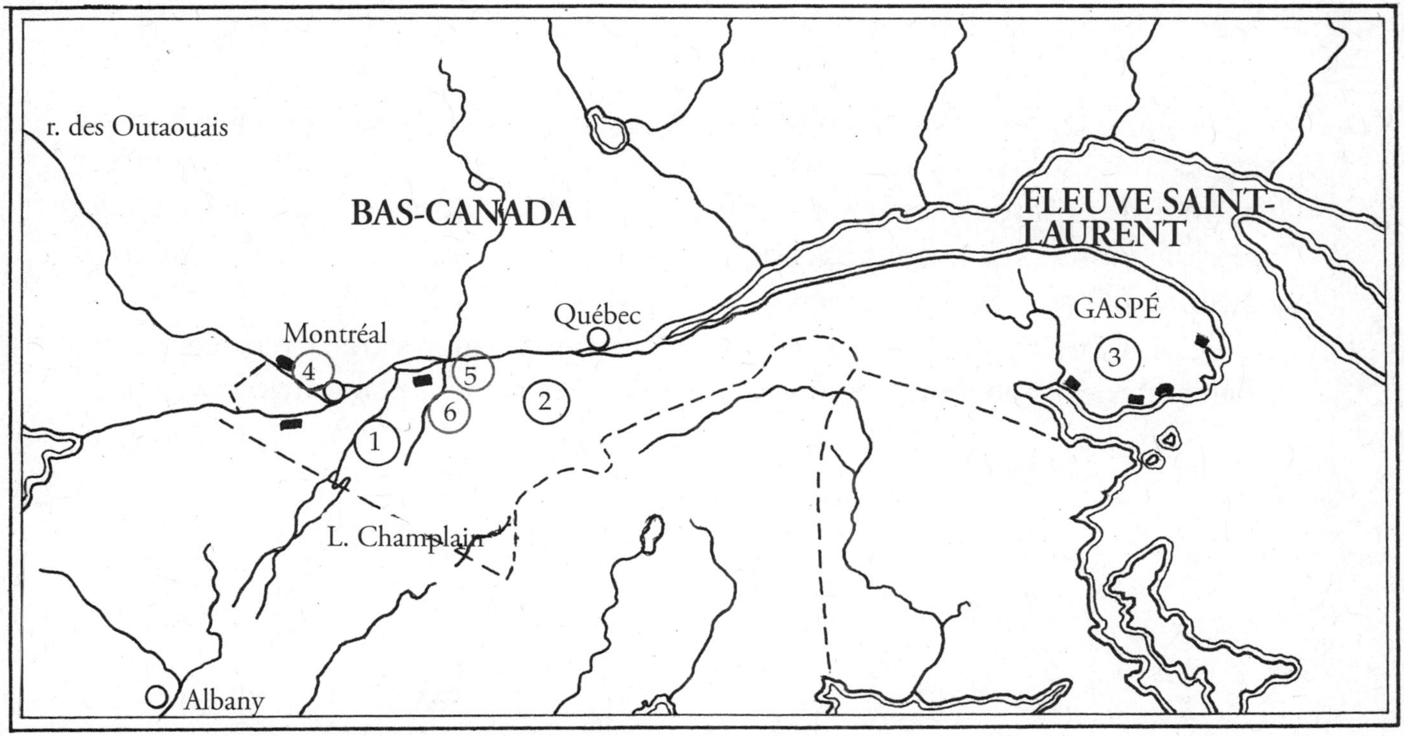

LÉGENDE

1. **Loyal Rangers de Jessup (du Vermont) :** loyalistes du Vermont et du Connecticut sous les ordres d'Edward Jessup et de Robert Leake (établi dans les Cantons de l'Est au Québec), Sorel, Chambly et Saint-Jean
2. **Évacuation de la ville de New York** (1783) : fermiers de l'arrière-pays parmi les 1 300 réfugiés de New York au Bas-Canada
3. **Loyalistes de New York :** villages anglophones créés à New Carlisle, baie des Chaleurs et Gaspé dans la péninsule gaspésienne
4. **Écossais et Allemands nés en Europe** (Montréal)
5. **Loyalistes du New Hampshire, du New Jersey et de la Pennsylvanie**
6. **King's Rangers :** menés par Robert et James Rogers

De 1776 à 1783, des « troupes provinciales », détachées des unités loyalistes, se réfugient au Canada et y établissent leur quartier général. Elles réussissent à protéger les frontières canadiennes des rebelles en faisant des incursions dans les colonies américaines au sud de la frontière. À la fin de la guerre, environ 10 000 soldats loyalistes et leur famille se sont déplacés vers le nord, dans le Bas-Canada.

Le traité de paix cède aux rebelles tous les forts que les unités loyalistes avaient réussi à défendre, des forts comme Oswego, Niagara, Detroit et Michilimacinac. Haldimand

est particulièrement consterné et inquiet lorsqu'il apprend que les Britanniques ont également cédé aux rebelles les terres ancestrales iroquoises dans la vallée de la Mohawk.

Haldimand voit cette très grande région sauvage que l'on appelle les « pays d'en haut » comme la solution à son problème, se disant que les milliers de réfugiés anglophones pourraient s'y installer. Haldimand enrage lorsque les loyalistes du Vermont issus des Rangers de Jessup s'installent plutôt dans la région frontalière, à l'est du lac Champlain, dans les villes de garnison de Sorel, Chambly et Saint-Jean sur la rivière Richelieu. En 1791, Haldimand ayant pris sa retraite, les colonies britanniques sont finalement reconnues comme les Cantons de l'Est.

Le Haut-Canada

Les vastes terres fertiles de l'Ontario actuel accueillent les loyalistes anglophones des 13 colonies qui immigrent vers le nord. L'Ontario devient la première colonie de l'arrière-pays.

Lorsque les régiments loyalistes, qui ont combattu pendant la rébellion, sont officiellement démantelés en 1784, le gouvernement britannique octroie à ces loyalistes des terres et des matériaux en vue de bâtir de nouvelles maisons et de développer des fermes et des villages dans les régions sauvages du Canada. Tous les colons doivent prêter serment d'allégeance au roi, mais ils n'ont pas à payer de taxes, car elles avaient été l'une des principales causes de la rébellion américaine.

En 1784, Haldimand se retire en Grande-Bretagne et Guy Carleton revient le remplacer à titre de gouverneur du Canada. L'homme qui avait supervisé l'évacuation des réfugiés avait maintenant hâte de les aider à s'installer en terre nouvelle.

Le front de la rive nord

Le « front » correspond à la rive nord du fleuve Saint-Laurent et du lac Ontario, devenue la plus importante zone de colonisation. En aval des rapides, à Lachine, on construit des embarcations à plusieurs avirons spécialement conçues pour transporter les familles de réfugiés sur le fleuve Saint-Laurent jusque dans le Haut-Canada. Ces embarcations de 1,8 tonnes, de 8 à 12 mètres de long, sont pointues aux deux extrémités et munies d'avirons, de mâts et de voiles. Elles peuvent naviguer dans un mètre d'eau, ce qui leur permet de traverser les dangereux rapides. Les loyalistes étaient amis et voisins avant la révolution et ont combattu celle-ci ensemble. Au Canada, ils fondent des collectivités le long de la rive nord, en s'y installant par régiments et en jurant de défendre leurs nouveaux foyers.

C'est ainsi que huit cantons, ou Royal Townships, voient le jour depuis Coteau-du-Lac jusqu'au site actuel de Brockville. On comptera également huit cantons dans la région de Cataraqui, de Kingston à la baie de Quinte. En 1784, les loyalistes sont bien installés et construisent les nouvelles villes de Brockville, Cataraqui (Kingston), New Johnstown (Cornwall) et Prescott. Ce sont des loyalistes de la dernière heure (des gens restés loyaux durant la guerre qui ont tenté de demeurer dans leur maison, mais sans succès) qui fondent les trois derniers cantons de Cataraqui, après 1790. Révoltés par les traitements que leur font subir les rebelles, ils ont finalement fui vers le nord où la Grande-Bretagne leur attribue des terres.

La péninsule du Niagara

Les Rangers de Butler s'installent à Niagara-on-the-Lake, où ils ont construit une caserne en 1778. Certains choisissent de se rendre jusqu'à l'autre extrémité du lac Érié, près du fort Detroit (Windsor). Après 1791, 30 000 loyalistes de la dernière heure viendront s'y installer.

LÉGENDE

1. King's Royal Regiment (de New York)
Sous les ordres de sir John Johnson
Royal Townships nº 1 à 5
Nº 1 catholiques écossais des Hautes-Terres
Nº 2 presbytériens écossais
Nº 3 calvinistes allemands
Nº 4 luthériens allemands
Nº 5 anglicans
New Johnstrown (Cornwall)
et au canton de Cataraqui nº 4
2. Rangers de Butler
sous les ordres de John Butler
Niagara-on-the-lake
aussi près du fort Detroit, Windsor
3. Mohawks
sous les ordres de Joseph Brant
colonie Brantford sur la rivière Grand (1784)
sous les ordres de Deseronto
colonie de la baie de Quinte (1784)
4. Loyal Rangers de Jessup (du Vermont)
Royal Townships nº 6 à 8
Canton de Cataraqui nº 2
loyalistes du Vermont et du Connecticut
sous les ordres d'Edward Jessup
Brockville et Prescott.
5. Loyalistes associés de New York
Canton de Cataraqui nº 1
sous les ordres du capitaine Michael Gross (1784)
6. King's Rangers
Canton de Cataraqui nº 3
Sous les ordres du major James Rodgers
7. Soldats britanniques et allemands
Canton de Cataraqui nº 5
8. Loyalistes de la dernière heure (après 1792)
Cantons de Cataraqui (nº 6, nº 7, nº 8)
colonie de Belleville fondée en 1790
9. Volontaires du New Jersey
sous les ordres du capitaine Sam Ryerse (Ryerson)
Cantons de Cataraqui (nº 6, nº 7, nº 8)

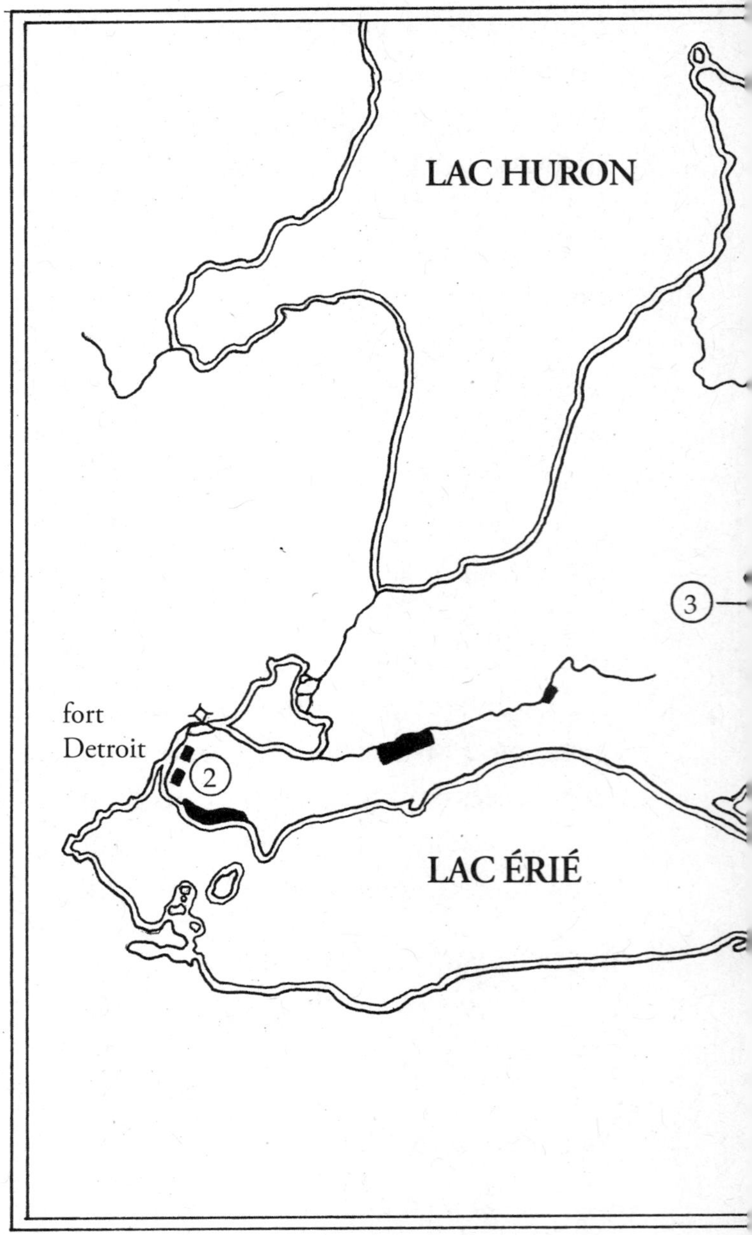

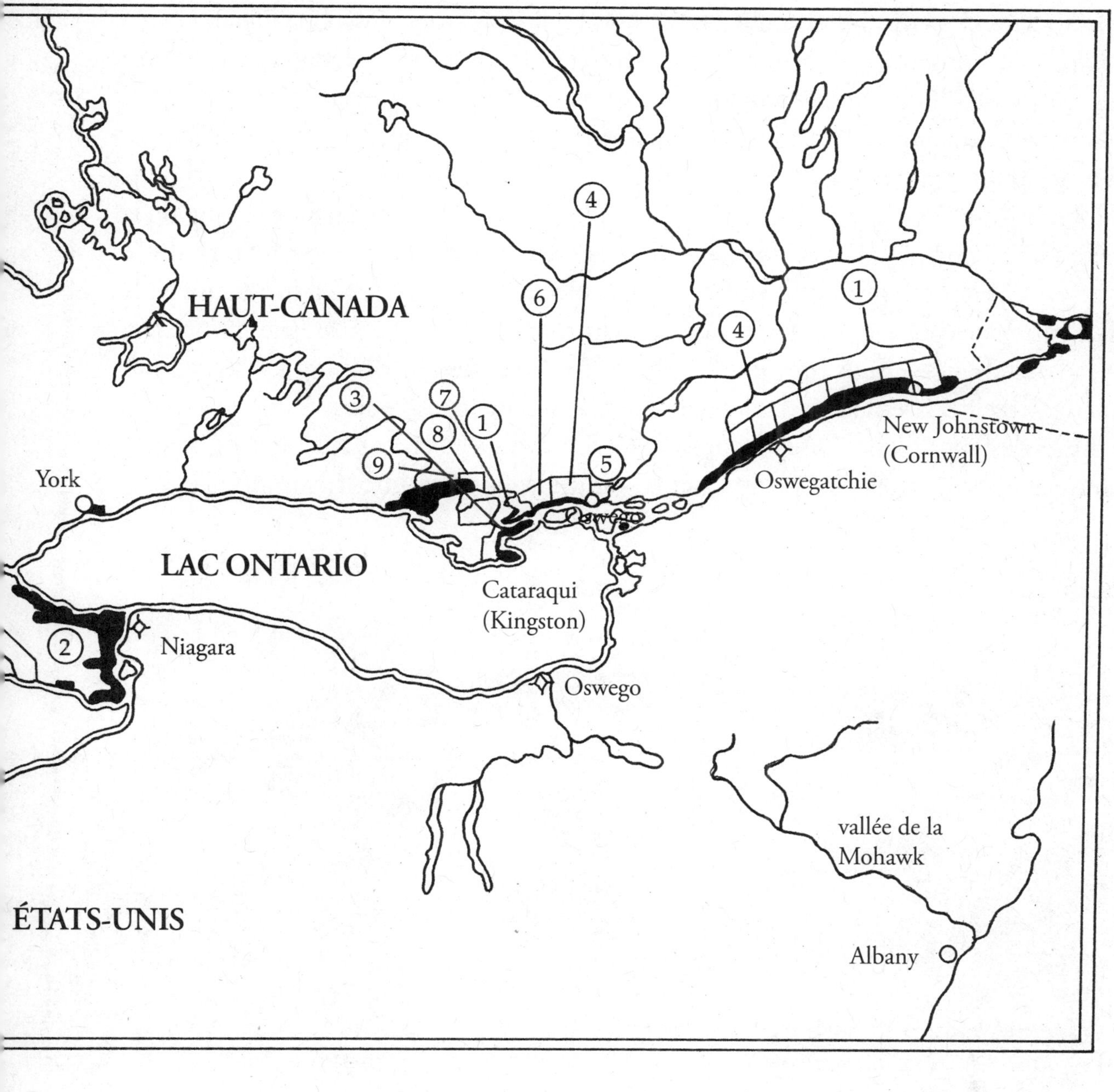
HAUT-CANADA
York
LAC ONTARIO
4
6
1
4
3
7
8
1
9
5
Cataraqui
(Kingston)
2
Niagara
Oswego
Oswegatchie
New Johnstown
(Cornwall)
vallée de la
Mohawk
Albany
ÉTATS-UNIS

Les terres des peuples autochtones loyalistes ne sont pas protégées par le *Traité de Paris*. Par conséquent, Joseph Brant vient à Québec afin de demander l'aide du gouverneur Haldimand pour remédier à cette situation. Tout comme les loyalistes qui ont été forcés de quitter leur foyer en Amérique, il reçoit de l'argent, des matériaux et des terres pour son peuple.

Joseph Brant se voit octroyer un territoire de 10 kilomètres de largeur le long de la rivière Grand dans le Haut-Canada, depuis sa source jusqu'à son embouchure sur le lac Érié. Le célèbre chef installe une nouvelle colonie à Brantford où il fonde une ville et fait bâtir une église, une école et une salle du conseil. Plus de 1 500 Autochtones, le groupe de réfugiés le plus important en 1784, suivent Joseph Brant et s'installent au Canada. Ils se déclarent alliés des loyalistes, mais non de loyaux sujets du roi. En 1784, le cousin de Brant, John Deseronto, et 300 Mohawks s'installent sur une concession de terre aux environs de la baie de Quinte, où une ville porte encore son nom.

Les loyalistes de l'Empire-Uni

Les colons qui se sont battus pour la Grande-Bretagne lors de la révolution, et qui ont perdu leurs biens aux mains des rebelles ont obtenu le privilège d'inscrire les lettres « U.E. » après leur nom. Ces lettres signifient « Unity of the Empire » (Empire-Uni). Ces colons seront désormais appelés les « loyalistes de l'Empire-Uni ». De nos jours, leurs descendants ont également le droit d'inscrire les lettres « U.E. » après leur nom.

Colonie de Cataraqui

Les loyalistes de la dernière heure

À partir de la fin des années 1780 et jusqu'à la guerre de 1812, une nouvelle vague de plus de 30 000 immigrants afflue des États-Unis vers le Haut-Canada, le Bas-Canada et le Nouveau-Brunswick. Certains avaient été incapables de partir durant la Révolution. D'autres sont d'anciens rebelles désenchantés par le nouveau régime politique des États-Unis, lequel s'est écroulé en 1790 et a dû être remplacé. D'autres encore viennent dans l'espoir d'obtenir une terre gratuitement. Leur loyauté et leurs motivations sont de loin moins convaincantes que celles des premiers loyalistes.

Un Canada divisé

Sir Guy Carleton reçoit le titre de lord Dorchester et revient en tant que gouverneur du Canada. Il s'est battu bravement au cours de la guerre et, au terme du conflit, il est fait commandant en chef de l'Armée britannique en Amérique du Nord.

Il a du respect pour les loyalistes venus s'installer au Canada après la Révolution et veut leur assurer les droits démocratiques et l'autonomie locale dont ils jouissaient dans les 13 colonies. En 1791, il réussit à convaincre le gouvernement britannique d'adopter l'*Acte constitutionnel.* Cette loi crée le Haut-Canada (aujourd'hui Ontario) et le Bas-Canada (aujourd'hui Québec), et permet au nouveau lieutenant-gouverneur du Haut-Canada, John Graves Simcoe, d'avoir un parlement élu. Parallèlement, elle maintient l'autorité traditionnelle des Seigneurs et du clergé sur les habitants du Bas-Canada.

La plus grande ville

De 1783 à 1784, Port Roseway, sur la rive sud de la Nouvelle-Écosse, est la plus grande ville de l'Amérique du Nord britannique. En mai 1783, 4 000 loyalistes viennent s'y installer, puis la population atteint 10 000 habitants. Les nouveaux citoyens renomment la ville Shelburne. Par la suite, Halifax continue de grandir et de prospérer et Shelburne périclite.

Un réfugié impopulaire

Benedict Arnold, le célèbre général américain qui avait changé de camp durant la révolution arrive parmi les réfugiés. En 1787, il s'installe avec sa femme, ses enfants et sa sœur à Saint-Jean, au Nouveau-Brunswick; mais en 1791, le général est devenu si impopulaire dans la colonie loyaliste qu'une foule en furie attaque sa maison et brûle une effigie portant le mot « traître ». Arnold vend alors ses biens et embarque avec sa famille sur un navire qui fait voile vers la Grande-Bretagne.

À FAIRE

Descriptions d'emploi

Si tu devais te choisir un emploi en 1783, tu n'aurais certes pas le même choix qu'aujourd'hui. Peux-tu relier chaque emploi à sa description?

Ce qu'il te faut :

un stylo ou un crayon
une feuille de papier

Ce qu'il faut faire :

1. Écris les numéros de 1 à 10 sur le côté gauche de la feuille.
2. Écris la lettre de la description d'emploi correspondante, tirée de la page suivante, à côté du numéro de l'emploi correspondant.

N'écris pas dans ce livre!

1. maçon
2. tonnelier
3. calfat
4. ramoneur
5. forgeron
6. meunier
7. charron
8. scieur
9. domestique
10. louageur

Ce que je fais :

a. Je martèle et moule le fer.
b. Je calfeutre les joints d'un navire à l'aide d'étoupe et de poix fondue.
c. J'élimine la suie.
d. Je fabrique ou répare les barils, les tonneaux ou les seaux.
e. Je suis serviteur dans une maison.
f. Je garde les chevaux et je travaille dans une étable.
g. Je taille et sculpte la pierre et la brique.
h. Je mous le maïs et les autres grains pour en faire de la farine.
i. Je scie le bois ou les billots.
j. Je fabrique ou je répare des cadres circulaires qui servent au déplacement.

Tu trouveras les réponses à la page 88.

CHAPITRE 5 *Loyalistes noirs*

Thomas Peters, Henry Washington et les autres

George Washington, membre de l'Assemblée législative de la Virginie, s'est rendu célèbre pendant la révolution américaine par ses exploits militaires contre l'autorité britannique et pour être devenu le premier président des États-Unis d'Amérique. La plupart des gens s'accordent à dire qu'il symbolise la victoire pour l'obtention de la liberté et la démocratie; mais peu savent qu'il possédait des centaines d'esclaves qui travaillaient dans sa prospère plantation de Mount Vernon.

En 1770, la population de la Virginie compte quarante pour cent d'esclaves noirs. Le sixième de la population de toutes les colonies est de race noire. La révolution américaine a permis d'obtenir indépendance et démocratie, mais uniquement pour les riches propriétaires fonciers, c'est-à-dire des hommes blancs. Les personnes qui ne sont pas propriétaires fonciers (les pauvres), les femmes et les Noirs, n'acquerront leurs droits démocratiques que plus tard dans l'histoire américaine.

La liberté

Lord Dunmore, gouverneur de la Virginie, affranchit tous les esclaves des rebelles en 1775, mais pas ceux des loyalistes. Environ 300 esclaves rebelles forment un régiment qui porte le nom du gouverneur. Ils portent tous en bandoulière le slogan « Liberté aux esclaves ». Plus tard, sir Henry Clinton, le commandant en chef des forces britanniques, offrira lui aussi la liberté aux esclaves de toutes les colonies. Pendant et après la révolution américaine, les Britanniques vont continuer d'offrir la liberté aux esclaves des rebelles. *Black Pioneers* est une autre unité militaire composée cette fois de loyalistes noirs.

L'exode vers le Canada

En 1783, 3 500 loyalistes noirs s'enfuient vers la Nouvelle-Écosse et le Nouveau-Brunswick, y compris certains des esclaves de George Washington qui se sont évadés. L'un d'eux, nommé d'après son ancien propriétaire, est Henry Washington. Au Canada, on promet des terres aux loyalistes noirs et le même traitement que celui réservé aux loyalistes blancs. De plus, 3 000 esclaves noirs accompagnent leurs maîtres loyalistes blancs au Canada en qualité de domestiques et d'ouvriers.

Birchtown, Nouvelle-Écosse

La nouvelle ville de Birchtown, en Nouvelle-Écosse, devient le point de ralliement des loyalistes noirs libres et l'hôte de la plus importante communauté noire en Amérique du Nord. Ce n'est pas tous les loyalistes noirs qui recevront la terre qu'on leur avait promise, mais certains l'obtiennent. Stephen Blucke, un citoyen noir très en vue et colonel dans la milice, devient le plus important propriétaire foncier de Birchtown.

La liberté est une situation nouvelle pour beaucoup de Noirs qui se tournent vers les paroisses, les écoles et leur famille pour obtenir du soutien dans leur nouvelle localité. Des prêcheurs évangélistes comme Joseph Leonard, Cato Perkins, Blind Moses Wilkinson et Boston King deviennent des chefs de file dans leurs communautés. David George, un ancien esclave, est le fondateur de l'Église baptiste de Silver Bluff en Caroline du Sud, la première congrégation noire en Amérique du Nord. En Nouvelle-Écosse, il continue de prêcher en tant que loyaliste noir. Hector Peters devient un évangéliste en Nouvelle-Écosse et, plus tard, le premier missionnaire baptiste de la Sierra Leone, en Afrique occidentale.

Le retour en Afrique

Déçus par des promesses non tenues et par le froid et les rudes conditions de vie au Canada, beaucoup de loyalistes noirs de la Nouvelle-Écosse se rallient à Thomas Peters. Peters, un ancien esclave de la Caroline du Nord, a combattu pendant la révolution américaine au sein des *Black Pioneers*. Il soumet à l'Angleterre les griefs des loyalistes noirs mécontents. Bien que la moitié d'entre eux soient nés en Amérique du Nord, ils veulent tous retourner en Afrique.

En 1792, le gouvernement britannique leur paie leur passage vers la Sierra Leone, colonie fondée par des loyalistes noirs d'Angleterre, en 1787. Environ 1 200 personnes, le tiers des loyalistes noirs de la Nouvelle-Écosse, suivent leur chef et partent pour la Sierra Leone. 15 navires transportant 734 adultes et 456 enfants quittent Halifax. Au cours du périlleux voyage en mer, 65 personnes perdent la vie. Les survivants qui parviennent en Afrique fondent la ville de Freetown qui deviendra la plus importante ville côtière d'Afrique occidentale.

La loyauté envers le Canada

Les deux tiers des loyalistes noirs qui sont restés au Canada deviennent des citoyens actifs. Beaucoup obtiennent des concessions et deviennent des fermiers prospères. Lorsqu'ils étaient esclaves dans des plantations américaines, certains avaient appris des métiers comme ceux de forgeron, constructeur de bateau, menuisier, calfat, tonnelier, bûcheron, maçon, constructeur de moulin et scieur. D'autres ont des compétences leur permettant de devenir cuisiniers, domestiques, jardiniers, louageurs, bonnes d'enfants, couturières ou employés de taverne. Bien que beaucoup de chefs de file influents de la communauté partent en Afrique, d'autres s'opposent à l'exode et restent au Canada, comme Stephen Blucke, le plus important propriétaire foncier de Birchtown.

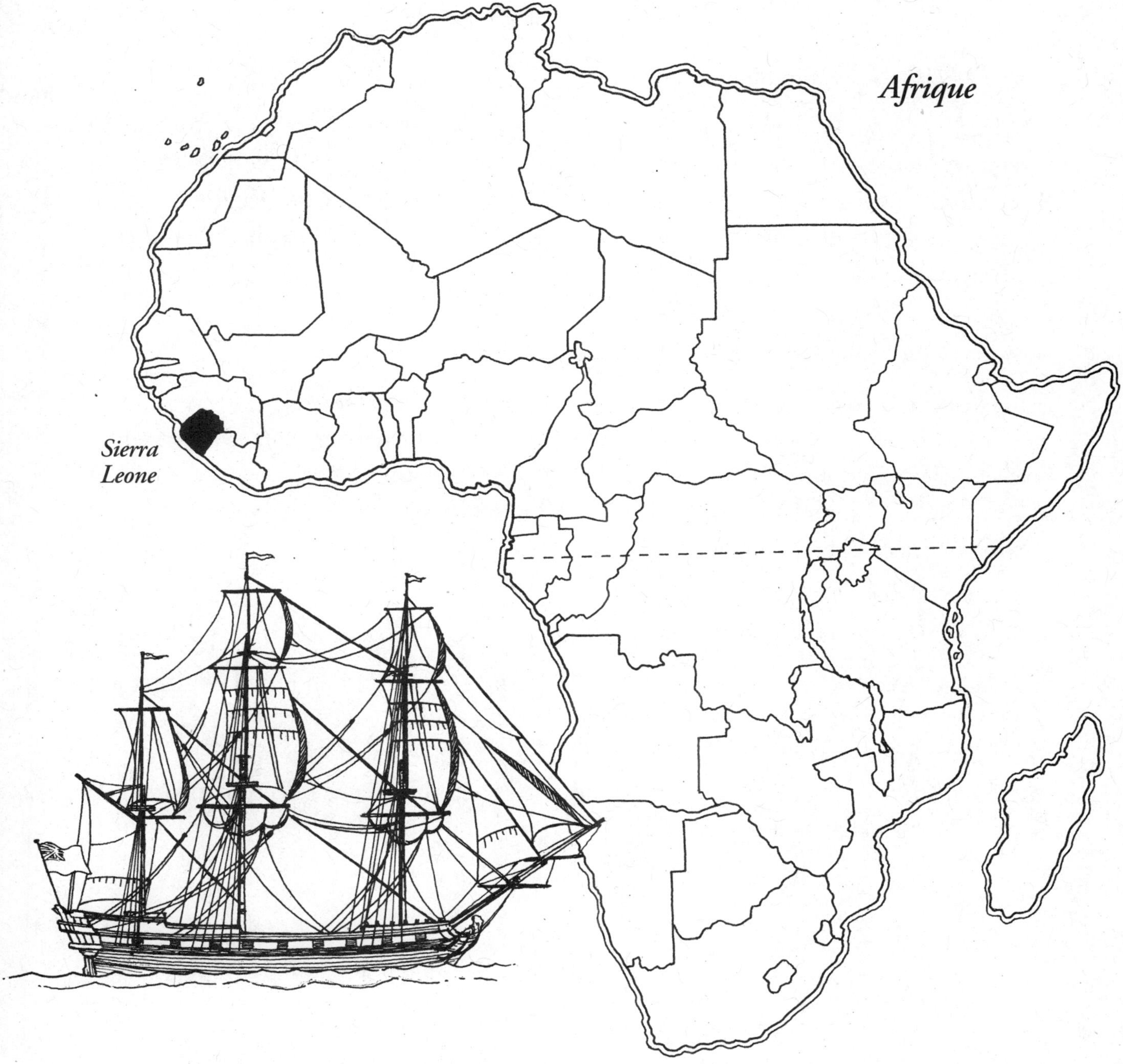
Afrique
Sierra
Leone

Les loyalistes canadiens

En 1837, lorsque William Lyon Mackenzie et ses partisans se révoltent* et constituent un gouvernement provisoire canadien dans l'île Navy, près de 1 000 Noirs se joignent à la milice loyaliste qui vaincra son armée. L'esclavage est encore légal aux États-Unis et les Noirs craignent de perdre leur liberté si Mackenzie réussit à renverser le gouvernement canadien.

Des émeutes raciales chez les Blancs

En Nouvelle-Écosse, beaucoup de Noirs deviennent des métayers, des employés à gages ou des domestiques. Les mauvaises conditions de vie mènent à des rivalités avec les Blancs pauvres et, en juillet 1784, une émeute raciale éclate à Shelburne et à Birchtown. Les affrontements dureront 10 jours jusqu'à ce que le gouverneur Parr envoie l'armée et la marine rétablir l'ordre.

Le chemin de fer clandestin

Pendant de nombreuses années, le Haut-Canada (l'Ontario) demeure la destination finale du « chemin de fer clandestin » qui aide des milliers de Noirs à fuir l'esclavage des États-Unis et à s'installer au Canada, où l'esclavage est aboli depuis 1793. Mis en place par Harriet Tubman, une femme noire très déterminée, ce réseau demeurera en activité jusqu'à la guerre de Sécession.

* Pour en savoir plus, reportez-vous au livre de la série « À la découverte du Canada » intitulé *Les rebelles.*

Rose Fortune

La première policière

La Nouvelle-Écosse ne comptait qu'environ 100 colons noirs libres avant l'arrivée de plus de 3 500 loyalistes noirs de 1782 à 1784. Beaucoup parmi les nouveaux venus sont des ouvriers qualifiés. D'autres, comme Rose Fortune, créent leurs propres occasions d'affaires. Elle met sur pied une entreprise prospère de déménagement et, plus tard, deviendra la première policière d'Amérique du Nord.

La fin de l'esclavage

Le 9 juillet 1793, John Graves Simcoe convainc l'Assemblée du Haut-Canada d'adopter une loi pour abolir l'esclavage. L'esclavage disparaît progressivement jusqu'à 1820.

Bien que la Grande-Bretagne ait accordé la liberté aux esclaves des colonies canadiennes, l'esclavage demeurera légal dans l'Empire britannique jusqu'en 1833, et aux États-Unis jusqu'à la fin de la guerre de Sécession. Le Canada a donc été le premier havre de liberté pour les esclaves d'Amérique du Nord.

L'esclave rebelle

Henry Washington, un loyaliste noir qui avait été esclave dans la plantation de George Washington en Virginie, est l'un des Noirs qui ont quitté la Nouvelle-Écosse pour

l'Afrique. En 1800, il participe à un soulèvement en Sierra Leone en vue d'obtenir l'indépendance, mais contrairement à la rébellion de George, celle d'Henry échouera et il sera banni de la colonie.

L'esclavage au Canada

C'est en 1793 qu'on abolit l'esclavage dans le Haut-Canada, mais ce n'est qu'en 1820 qu'il aura complètement disparu. À la fin des années 1700 et au début des années 1800, il n'était pas rare de voir des gens posséder des esclaves. De nombreux loyalistes avaient amené leurs esclaves avec eux lorsqu'ils étaient venus s'installer au Canada après la révolution américaine. Joseph Brant, le chef mohawk en possédait plusieurs, ainsi que Laura Secord qui se rendra célèbre pendant la guerre de 1812.

À FAIRE

Mots croisés

HORIZONTALEMENT

5. Fermiers locataires au Canada français.
6. Gouverneur du Canada qui a dû faire face à la migration de masse des loyalistes en provenance des Etats-Unis en 1783.
11. Autochtones loyaux alliés du roi.
12. L'homme qui a rédigé la Déclaration d'indépendance américaine.
13. Chef autochtone loyaliste qui s'est installé dans le Haut-Canada avec sa tribu après la révolution.
14. Célèbre général de l'armée rebelle qui changera de camp durant la révolution.
15. Soeur de Joseph Brant qui a épousé un puissant propriétaire blanc dans la vallée de la Mohawk.
22. La proclamation royale de 1763 a déclaré que cette chaîne de montagnes serait la frontière entre les colons américains et les tribus autochtones.
24. Commandant des loyalistes lors des escarmouches en Caroline du Nord et en Caroline du Sud.
25. Le Canada a été le premier pays à abolir cette coutume ou pratique.
27. Général arrivé à New York avec une armée de 24 000 hommes en juillet 1776.
28. Nouveau corps politique qui a créé l'Armée continentale en 1775 et s'est déclaré indépendant de la Grande-Bretagne en 1776.
29. Nom d'une loi adoptée par le gouvernement britannique en 1774 et qui a créé le Canada qui, à cette époque, comprenait les États aujourd'hui connus sous les noms de Michigan, Wisconsin, Illinois, Ohio, et Indiana.
30. Chef des Rangers loyalistes qui se sont installés à Niagara-on-the-Lake en 1783.

VERTICALEMENT

1. Premier pays à se joindre aux rebelles américains en déclarant la guerre à la Grande-Bretagne.
2. Propriétaires nobles du Canada français.
3. Ville rebelle connue pour le célèbre Tea party survenu en 1773.
4. Commandant de la force loyaliste appelée King's Royal Regiment de New York.
7. Entrepreneurs loyaux francophones au Canada.
8. Gouverneur de la Nouvelle-Écosse qui a dû faire face à la migration de masse des loyalistes en provenance des États-Unis en 1783.
9. Autre nom pour un « patriote » américain en 1776.
10. Général britannique qui a rendu les armes à Yorktown en 1781, ce qui a provoqué la fin de la guerre.
16. L'homme qui est devenu un lord et qui a convaincu le gouvernement britannique de diviser le Canada en Haut-Canada et Bas-Canada.
17. Général qui dirigea l'armée britannique à Saratoga en 1777, bataille qui a marqué un tournant radical dans le conflit.
18. Autre nom pour un « tory » britannique en 1776.
19. Général placé à la tête de l'armée rebelle continentale en 1775.
20. Général à la tête de toutes les forces britanniques à la fin de la révolution et qui a été responsable de l'évacuation des loyalistes des États-Unis en 1783.
21. Loyalistes en grande partie responsables du succès de la défense de la forteresse de Québec.
23. Les Britanniques en ont perdu 13 lors de la révolution américaine.
26. Environ le tiers des loyalistes noirs venus en Nouvelle-Écosse ont navigué jusqu'à cet endroit en 1792.

1
2
3
4
5
6
7
8
9
10
11
12
13
14
15
16
17
18
19
20
21
22
23
24
25
26
27
28
29
30

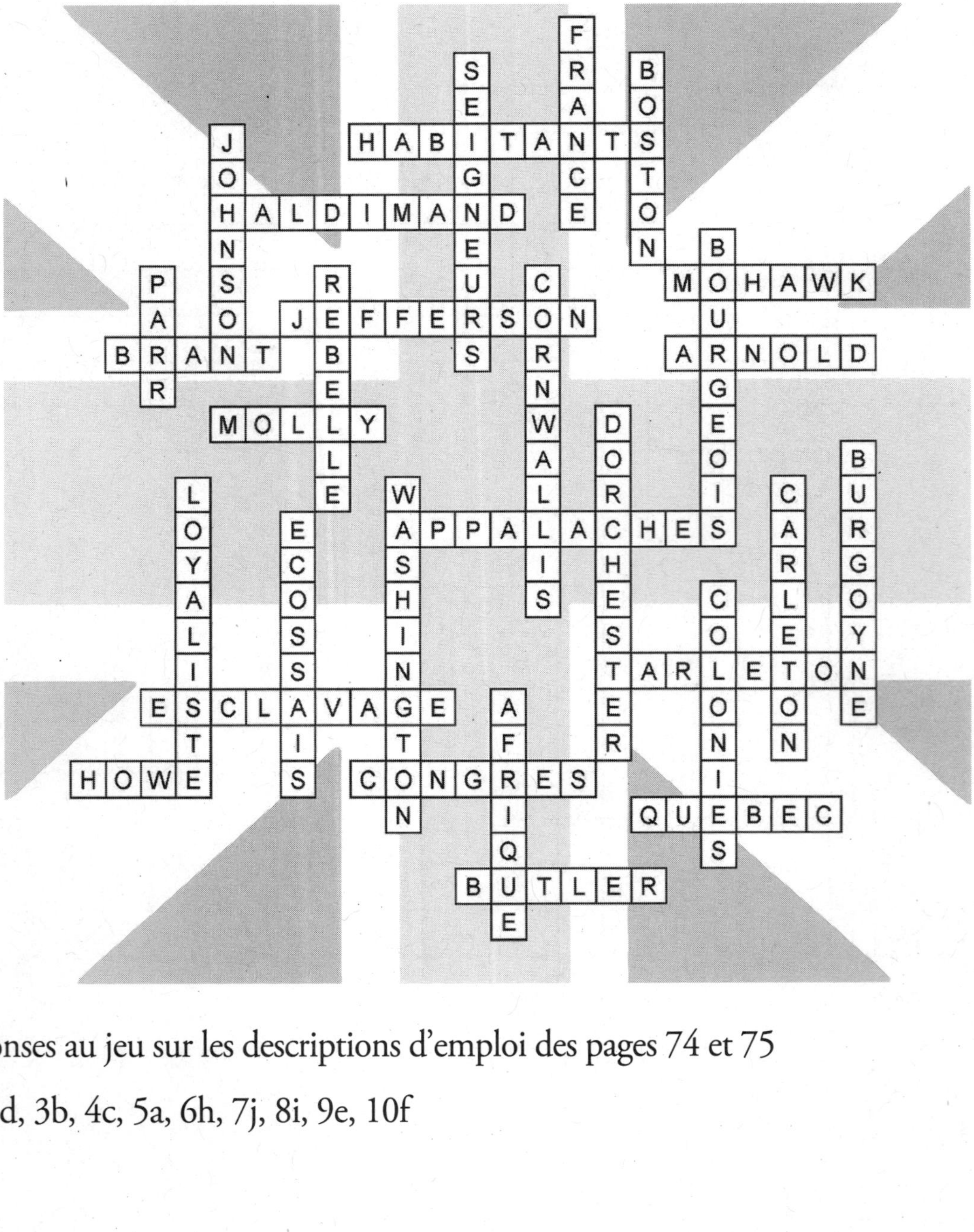

Réponses au jeu sur les descriptions d'emploi des pages 74 et 75

1g, 2d, 3b, 4c, 5a, 6h, 7j, 8i, 9e, 10f

Index

Activités

Faits et gestes

Cartes et illustrations

Personnalités